编委会名单

顾　问　陈春声　陈平原　林　岗
主　编　张培忠　肖玉华
副主编　孔令彬

编　委（以姓氏笔画排序）
江中孝　李　彬　李伟雄　吴亚南
余海鹰　张　超　林　茵　林洁伟
赵松元　段平山　黄景忠　曹亚明

韩山师范学院2017年省市共建中国语言文学
重点学科经费资助

广东省普通高校人文社科重点研究基地
岭东人文创新应用研究中心阶段性成果

张竞生集

第三卷

主　编　张培忠　肖玉华
副主编　孔令彬
本卷主编　林洁伟

生活·讀書·新知 三联书店

Copyright © 2021 by SDX Joint Publishing Company.
All Rights Reserved.

本作品版权由生活・读书・新知三联书店所有。
未经许可,不得翻印。

图书在版编目(CIP)数据

张竞生集/张竞生著. —北京:生活・读书・新知三联书店,2021.1
ISBN 978-7-108-06928-3

Ⅰ.①张… Ⅱ.①张… Ⅲ.①社会科学-文集 Ⅳ.①C53

中国版本图书馆 CIP 数据核字(2020)第 145000 号

1926年《上海生活》杂志所载张竞生像

一個寒假的最好消遣法

——代「優種社」同人啟事——

張競生

陰慘慘的天氣，虎虎虎的北風刮得人心冷膽寒；校課不用，閒來愈覺無聊賴。市場戲園跑一遭兒，情緒更紛亂，常常因此觸景而悲傷。青年的悲哀！悲哀青春如流水，一去不復回！無伴侶的悲哀，有伴侶的愈多不得意而起可悲哀！

勸君莫悲哀，請君採用下頭的消遣法，即把今描起來詳細寫您個人的「性史」，做起一個有系統的紀述，包管您打破這個寒假無聊了。

其餘的情況如何？請您覺得一個虛乏的寂寞，或感到一個需要的安慰？只憑妄想就算了？抑且有種把戲的接洽？

您幾歲春情發生？幾時有？初次的情狀如何？久後又是怎樣樣？於異性有什麼心情？含春嗎？喜歡人談婚姻與交媾等事情？您曾手淫或別種（自淫）否？（如用器具等？）何時起始？次數多少？怎樣使發生了這個動作？（或聽別人說幾次？或看書畫引起，或不知不覺中發現，或因

生殖器癢癢而按擦發什麼妨礙：頭痛，眼昏，神怕，意忌，背骨酸軟，神經刺激，交媾力不振作，陽萎，陰衰，諸如此類以及記憶力喪失，聰明與毅力日衰等事，至少有無一件感覺得不應該做麼？有無悔這件事不應該做麼？

您曾夢遺否？怎樣夢遺？似與人交，抑無因而至？遺精多少？每月大數多少？有定期否？夢遺與手淫有無關係？（如無手淫，就不免夢遺，夢遺了就不想手淫，或一經手淫就無夢遺，或手淫後更多夢遺之類。）

您與同性（即男和男，女和女）戀愛過否？曾用陰陽具接觸過否？或怎樣做一種精神的愛戀嗎？您現在對於這個嗜好如何？此外尚有別種戀態的出精法否？如與母豬公狗交，如與……您喜歡用口或用手使對手人的生殖器出精嗎？

曾戀愛否？如密是女人，曾否做過浪漫的性生活？曾受過何種生殖器病？治療狀況如何？現在瘥否？

現在婚娶未？幾歲婚娶否？有子女也無？未婚前及到現在曾否

知道些「性教育」？看何種書？有什麼實行？初婚時或與人初次交媾時的情況如何？娶妾到今日曾與若干人交媾？無論和諧，請詳細寫出來。您一向的性慾大小，興趣厚薄及喜歡那一樣的交媾法？從春宮圖看來，或由己創造，請詳寫出來。與您交媾的對手人的性慾狀況，性細寫出來。性趣，性慾等請代為詳細寫出來。

以上所舉不過略示其大概而已。何望於作者把自己的「性史」寫得有色彩，有光芒。有詩家的滋味，有小說一樣的興密與傳奇一般的動人。但即情求眞實，更不可杜撰。

至於這個徵象的本意，不是與人閒玩笑，也不是使人自獻醜，更不是「誨淫」與什麼傷風敗俗！不！不！不！這個徵求有三個好大結果的希望。

第一，「爲學問而學問」，性的學問比什麼學問都重要。把這個學問弄好了，人類所得到他的利益當然不可勝計。我們這個徵求，爲供給這個「性學問」的材料，以便達到這個學問的成立。大家對於學問的眞實，自然說不著自獻，都有一份的義務。

第二，我們希望把各人的「性史」蒐集一塊，使各人一看，當然亦顏色不免大驚，或且鳳

1926年《新文化》创刊号封面

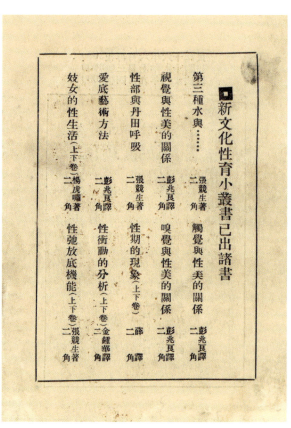

新文化性育小丛书部分书目

本卷说明

本卷收录内容是张竞生关于性学观念与性教育实践的文章，涵盖了张竞生所有讨论性学及性教育的文字，集中体现了这位"中国第一性学家""中国性教育先锋""中国计划生育首倡者"在20世纪二三十年代对中国人的"性"以及"性教育"的体察与理解。

本卷大致由三个方面的内容构成：

一、《性史》中张竞生的文字以及围绕《性史》展开的讨论。张竞生于1926年2月2日的《京报副刊》上发表了一篇征集个人性史的启事《一个寒假的最好消遣法》，向社会各界发出关注性学研究的呼吁。同年，在征集到的文稿中选出七篇，以编著的形式公开出版，这就是引起各界震动的《性史》。张竞生于每篇文字后附写了"按语"，外加张竞生的《序》《赘语》和那篇《一个寒假的最好消遣法》，凡十篇五万余字，此系《性史》初版原貌。本卷只收录张竞生本人撰述的文字，余者皆不录。一方面是因为这七篇"性史"非张竞生本人所著，几万字的篇幅全数纳入张氏集中，不甚妥当；更重要的是，此七文属"论料"，内容多涉私隐，本应为研究者作为研究资料用，不宜公之于众，它们的出版在当年已引来争议和批评，故本卷也不再收录。本卷以"附录"形式收入三篇当时人对征求性史一事表示疑惑和忧虑的文字，文中或文末皆有张氏的答疑内容，可见当时人们对张氏征求性史一事的反应。另外附录的是郑宾于原刊于1927年上海《新文化》杂志的《论"淫书"》一文，是为《性史》的"淫书"恶名做辩护的文字。还有张竞生之子张超所写《一本书与一个人的命运》一文，为我们展示了《性史》一书所带给张氏及其家人的荣辱沉浮。关于《性史》，尚有张竞生的《性史之史》和两篇关于假冒《性史》各集的启事和声明。此外，便是与周建人的论争文字，此处收张氏文章一篇，附录周建人文章两篇，可一窥当时论争的实况。《性书与淫书》，是张氏所著一独立成书的小册子，内容亦与《性史》相关。此为本卷内容的第一部分。

二、关于节育观及其论争的文章。此类文章不多，《山格夫人来信》《再谈制育》二篇皆发表于1925年2月的《京报副刊》上，《再谈制育》一篇乃针对硍硍的论文《制育的理论与实际》而作，本卷亦以附录形式收录硍硍文。此外，便是1936年3月发表于《南洋商报》的《节育难关及其解决方法》一文，可见张氏对节育问题的持续性关注与思考。而《三点说明》一文，是针对慨士评论张著《美的人生观》一书所作的回应，因文中涉及"新优种学""避孕法"等节育的内容，故而收入本卷中。张竞生提倡节育，提出"生尚小事，养与教实为更大问题"，讨论了当时中国的生育、养育和教育等相关社会现实问题。从个人的发展与国家民族的未来出发，讨论了节育的必要性。在节育思想的提倡和节育方法的实施两方面进行努力，张竞生可谓先行者。

三、有关性学与性教育的文章二十余篇，包括论争文字若干篇，其中所涉内容也有溢出性学范畴者，但皆因性学而起，便也收入本卷。这第三方面的文章多数出自1927年张竞生在上海创办的六期《新文化》杂志，引起较大关注与争议的内容不少，如《第三种水与卵珠及生机的电和优生的关系》中阐述的"第三种水"概念；《性部呼吸》《性部与丹田呼吸》中提出的"性部呼吸""丹田呼吸"概念等。张氏肯定人的性欲，探讨如何获得性的最大快乐，解析男女性器官的结构、功能与作用，其中不乏臆想与推测，由此引来了科班出身的学者们的讨伐，本卷附录所收的周建人《性教育的危机》《读

〈新淫义与真科学〉并答张竞生先生》及潘光旦《〈新文化〉与假科学——驳张竞生》三文即是相关论辩文字。

张竞生是一个"有争议"的历史人物,其最具争议的便是本卷所涉内容。张氏是本卷文章的主要撰著者,但这里不只有张氏一个人的声音,本卷编者将所涉论辩中他人的重要文章也收录进来,我们可以一窥当时文化人对张氏的赞赏、非议和批评。编者带着保存档案,重建历史现场的目的,有意识地将张竞生的性学观与性育实践做一个较为完整而立体的呈现。

为尊重作者本人的写作风格和行文习惯,同时也最大程度地保留那一时期的文体风貌,本书编校时在字词、语句等方面尽量保持原貌,只对典型讹误进行了修改,特此说明。

目　录

一个寒假的最好消遣法　1

　　附一　对于《一个寒假的最好消遣法》的疑点与妄度　4

　　附二　对于征求性史的忧虑　6

　　附三　征求性史的讨论　8

《性史》序　14

《性史》赘语　17

《性史》之史　18

　　附一　张竞生启事（一）　19

　　附二　张竞生特别启事　20

答周建人先生《关于〈性史〉的几句话》　21

　　附一　关于《性史》的几句话　23

　　附二　答张竞生先生　27

性书与淫书　32

论"淫书"　53

第三种水与卵珠及生机的电和优生的关系　57

　　附一　附说　71

附二 《新文化》与假科学——驳张竞生　76

《美的女体速写》序　82

   附　裸体研究——由裸体画说到许多事　84

山格夫人来信　98

再谈制育　101

   附　制育的理论与实际　103

节育难关及其解决方法　105

三点声明　108

   附　什么是"神交"：评《美的人生观》　109

怎样使性欲最发展——与其利益　114

如何得到新娘美妙的鉴赏与其欢心　120

新淫义与真科学　123

   附　读《新淫义与真科学》并答张竞生先生　128

调笑《一般》之所谓主干也者　131

   附　纠正张竞生先生的调笑　133

是也上海流氓的一种　135

一个抗议　139

性教育运动的意义　142

   附　性教育运动的危机　145

"医氓"与性学　149

一串极重要的问题　153

性部呼吸！　156

性部与丹田呼吸（续上期） *164*

砍不尽的上海文氓头与滤胞及周建人 *176*

勉《新女性》编者章锡琛君 *178*

大奶复兴 *180*

《时事新报》——研究系尾巴 *184*

裸体辩论 *188*

性美 *190*

女子缠足与生殖器官之关系 *197*

与《晶报》论禁淫书而倡性学的方法 *199*

马振华与处女膜 *201*

性育通讯（选编） *203*

一个寒假的最好消遣法[1]
——代"优种社"同人启事

张竞生

阴惨惨的天气,虎虎虎的北风刮得人心冷胆寒!校课不用上,闲来愈觉无聊赖。市场戏园跑一遭儿,情绪更纷乱,常常因此触景而悲伤。青年的悲哀!悲哀青春如流水,一去不复回!悲哀!无伴侣的悲哀,有伴侣的也多不得意而起了悲哀!

劝君莫悲哀,诸君采用下头的消遣法,即把笔提起来,详详细细写您个人的"性史",做起了一个有系统的记述,包管您打破这个郁闷的年关。

您竭力记起几岁时头一次知道两性的分别,其时的情况如何?仅仅觉得一个虚泛的观念,或感到一个需要的安慰?只凭妄想就算了,抑且有种种把戏的接洽?

您几岁春情发生?精几时有?月经何时来?初次的情状如何?久后又是怎么样?那时对于异性什么心情?含羞吗?外拒而内迎吗?喜欢人谈婚姻与交媾等事吗?

您曾手淫或别种"自淫"否?(如用器具摩擦或以阴阳具摩擦外物。)何时起始?次数几多?怎样使您生了这个动作?(或听别人说过,或看书画起的,或不知不觉中发现,或因生殖器痛痒而按擦等等。)结果于身体发生什么妨碍:头痛、眼昏、神惰、意怠、背脊酸软、神经刺激、交媾力不振作、阳痿、阴衰,诸如此类以及记忆力减

---

[1] 本文原刊1926年2月2日《京报副刊》,此为征集性史的启事。

失、聪明与毅力日衰等事,至少有无一件感觉得到否?每当手淫时的前后,有无愧悔这件事不应该做么?

您曾梦遗否?怎样梦遗法?似与人交,抑无因而至?遗精多少?每月次数多少?有定期否?梦遗与手淫有无关系?(如无手淫就不免梦遗,梦遗了就不想手淫,或一经手淫就无梦遗,或手淫后更多梦遗之类。)

您曾与同性(即男和男、女和女)恋爱过否?曾用阴阳具接触过否?又用什么方法接触?或仅看做一种精神的恋爱吗?您现在对于这个嗜好如何?此外尚有别种变态的出精法吗?如与母鸡、公狗交,如与……您喜欢用口或用手使对手人的生殖器出精吗?

您曾嫖妓否?如您是女人,曾否做过浪漫的性生活?曾受过何种生殖器病?治疗状况如何?现在愈否?

您现在娶未?几岁婚娶?有子女也无?曾用过何种手续避孕否?未婚前及到现在曾否知道这些"性教育"?看何种书?有什么实行?新婚时或与人初次交媾时的情况如何?

您算到今日曾与若干人交媾?无论和谁?请详细写出来。您一向的性量大小、兴趣厚薄、次数多少,请详细写出来。您喜欢哪一样的交媾法?从春宫图看来,或由自己创造,请详细写出来。与您交媾的对手人性欲状况、性好、性量、性趣等等,请代为详细写出来。

以上所举不过略示其大概而已,尚望作者把自己的"性史"写得有色彩,有光芒,有诗家的滋味,有小说一样的兴趣与传奇一般的动人。但事情当求真实不可杜撰。

至于这个征求的本意,不是与人开玩笑,也不是使人白献丑,更不是诲淫与伤什么风、败什么俗。不!不不不!这个征求有三个大好结果的希望。

第一,"为学问而学问",性的学问比什么学问都重要。把这个学问弄好了,人类所得到的利益当然不可胜计。我们这个征求,即为供给这个"性学问"的材料,以便达到此个学问的成立。大家对于学问的贡献，都有一份的义务，自然说不着白献丑、开玩笑那些事了。

第二，我们希望要各人的"性史"聚集一块，使各人一看，当然龙颜不免大惊，或且凤脸更加大喜，以为自己改良及警策的张本。故我们这样征求，不是诲淫，乃是引导人入于"性的正轨"。

第三，各人对于性有什么缺陷处，如心理方面、生理方面或习惯方面的种种变态。我们希望从"心理分析法"的解释，及卫生学与医学的救治，并及各种"好习惯"的养成，务使失恋者、性病态者、要得一个好伴侣者、对于性不满足的夫妻者、要避孕者，或要生子者，诸种人皆得了一个满足的效果。这是移风易俗最大的关键与人类得到好行为最重要的方法。

来！来！来！给我们一个详细而且翔实的性史，我们就给您一个关于您一生性的最幸福的答案。您给我们材料，我们给您方法。两相益，两勿相忘！

注一：这个应征的发念已在数年前。那时恐怕道学家的势力太大了，所以待得今日才发表，或者尚不免开罪许多人。

注二：应征求者切要写明男或女、年岁、籍贯、职业、通讯处。姓名真假听便，纵写真名，我们决定代为秘密，当用假名传出。

注三：我们谨问有些人能同我们合译 Havelock Ellis[1] 所著的《性心理》六大部书否？

暂时通讯处：北京前什刹海北河沿十八号 转 "优种社"[2]

---

[1] 即霭理士（Henry Havelock Ellis，1859—1939），英国性心理学家、思想家、作家和文艺评论家。因本书所收文章发表于不同时期，作者对其译名还有霭理斯、霭理思、霭利思、霭理思等多种，本书均保留其原貌。
[2] 本文收入《性史》第一集时，下署改为"北京——北京大学，收发科，转张竞生"。

附一

对于《一个寒假的最好消遣法》的疑点与妄度[1]

张竞生先生：

　　我感谢你勇敢的替我们写出《一个寒假的最好消遣法》（见本月二日《京报副刊》），我本想即刻将我的性史写出来应你的征求；但我素性多疑，又惯以小人之心，妄度君子之腹。因为这类的征求，优种社应该自己登报征求，不劳你代庖，纵是优种社不知这类征求的必要，你就写信要求它亦可。又因你草这篇东西的导言和所发的各问，致使我不敢就将我的性史写出来，写出来，怕中你的圈套。

　　张先生：你不要怪我说这话。因为我老早就声明了我是多疑与妄度的人。你自己说不是开玩笑，我单疑你是和人家开玩笑和有……意。因为这个原故，恐怕男的性史（如每晚手淫几次、交媾多少回，与若干异性交媾等等），他日相逢时，你就会说某为手铳大王，某为嫖鬼；女的性史（如外拒内迎、爱谈交媾等等），被你知道，他日遇美人时，你就会大胆调戏，说鄙话，因为早已知道她是外拒内迎和爱谈交媾的人。还有一桩，倘他日与你起了恶感的人（或男或女），他或她的性史被你知道，你就将不惜以嫖鬼、龙阳君、淫妇、无底洞等等，破坏人的名誉。

　　我以上疑点和妄度，我自己承认是没有道德（不是君子），先生的人格，与我的疑点，妄度是不发生关系的。不过，我想先生如果要我的性史及大家的写给你看，顶好是你明白答复下列几个问题：

　　（1）你是不是研究生理学或心理学的人？
　　（2）你是五十以上的人呢？还是五十以下的？

---

[1] 本文原刊1926年2月8日《京报副刊》。

（3）你已结了婚未？或恋爱过不？

（4）将你的性史，诚实地先写出来。

江　波
十五，二，三，北京

江波先生！

你怀疑得好哪！"我疑故我在"，这不是东方学者的色彩吗？那么，我今竟要写出些"自信"的语气来打破你一点的疑惑，无乃使你再增了怀疑的态度？

我是研究"爱智"者，故一切事都要研究一下。生理呵，心理呵，都极奢望地去研究它一遭。

你的第二问问得最有趣。我行年不满四十，可以说是半老成半不老成，不知有资格来做这样的搜罗家否？

我已结了婚，也已轻轻地恋过爱。这样答案无乃太幽默么？

我的"性史"自然要详详细细、的的确确、趣趣味味地写出来。但在何地方宣布，则请你随时留心各种出版物，切免轻易地放过。

总之，前次关于性问题征求的用意，我们已说过：第一，是"为学问而学问"。我们看了H. Ellis《性心理》六大部书后，一面惊叹他搜集的宏博，一面又极惭愧我国人对于此项的贡献太少。所以想把这项的材料搜集起来，以为性学者的资助。我们又极自信我国人的"性感"不弱于人，又因他在假道学的势力压迫之下，更必有些"惊天地，泣鬼神"的性心理与性行为发生出来，这个更值得收罗与整理一下。此外，我们当然尚有许多希望，最紧要的在以"性教育"的实施，而得到优种的效果。若你疑此中"有……意"，则请勿写真名，或连通讯地址也勿写出。我们所希望的乃在性的材料，至于个人的关系上实在不敢妄行干预，希谅察。

张竞生
十五，二，五，北京

附二

对于征求性史的忧虑[1]

竞生先生：

你关于性史的征求，我是极端赞成的一人。本来性欲是和食欲一样，人人知道，人人经过的，有什么了不得的地方，要把它当作照片材料一般，不使见光呢？倘若大家都把那虚伪丑恶的皮揭开，还不是这么一回事吗？可恨一般人偏把它掩藏得密不通风，钻到地洞下边食饭，真愈形其丑恶而已。大家既然这样的心照不宣，只苦了我们这班初出茅庐的人，寻不着一条正路。现在先生们发此洪愿，替后来的善男子善女人起这座灯塔，曾经此苦的我，不能不勉力捐输一点材料了。但我对于此次的征求，还有一点忧虑。中国的女子，素来是内言不出阃的，何况又是这种"缺德"的征求？所以这次征求的结果，恐怕要清一色偏于男性方面了。那末，所谓性的心理，在此种的性史内，只能窥见一半，岂不有负先生征求时的初心么！依我想，先生应该特别的鼓吹她们把虚伪的羞耻丢开，踊跃加入这次性史的征求，合力来建造一座完全的灯塔才好。这种过虑的话，于事实上恐怕未必说得中的，不遇既然具有此种管见，何必缄默，故特累赘地一说。不知先生以为如何？

白苹
二，二一，十五夕

答白苹先生：

您忧虑的甚对："中国女子素来内言不出阃的，何况又是这种

---

[1] 本文原刊于1926年3月7日《京报副刊》。

'缺德'的征求？所以这次征求的结果，恐怕要清一色偏于男性方面了。"您叫我"鼓吹她们把虚伪的羞耻丢开，踊跃加入这次性史的征求"。立意未尝不是，但我恐怕白费了鼓吹的工夫。

女子们不是天生来就有虚伪的羞耻，不过受了男子的压迫，遂使伊们心内最喜欢的事，口中常最不肯说出来。可是你应记得"沉静猫，抓破橱"，伊们外面虽种种假作态，底里实是一团热火烧到丹田通通红了。您若知道此中苦楚，就即了然女子们不肯来与我们合作，究竟是我们男子的罪过。我们男子见了稍大胆的女子就疑伊有私意了。若伊们唧唧哝哝向我们说情话，谈性史，不被人们疑为疯，便被诬为大逆不道了。所以我们这次的征求，结果如果女子不肯来凑趣，其过不在女子的自身，乃在社会的太看女子不是人！

有二事堪以告慰者：（1）我们已收到了一位女子的许多好材料，（2）又得了许多寄稿的男先生们，对于所接触的女子皆能于相当的机会代为扼要的描写，这虽不如女子自己自道的明白详尽，但由这样片鳞的陈述，使人约略可以得到一些女子关于性的大概情形了。

自然，若能由女子自己原原本本写出来，比较由男子的代述为有趣味与真实。但我们在上已说过，女子确实不敢冲破这个社会的坚阵，那么，我有一个折中的办法，即求伊们忽略于肉的接触的描写，而偏重于心灵冲动的情状，如此自然不会受社会的讥评了。

女子对于性欲常比男子为高洁，尤其是当伊们在青春时期。就 Obici 与 Merchesim 调查的结果，知道意大利的女学生，多数为女师范生的年介于十二至二十间者，彼此间常有发生一种剧烈的热情。伊们与同性的结合，当是一个比较具有男子性情的女生见了一个可爱的女同学，生了浓挚的恋爱，遂用种种方法的引诱。例如：初则设法亲炙其音容，继则赠之以花果，终则挑之以情信，大多数的女生由此而成夫妇式的情爱。一出命令，一肯服从，一有爱别一个女同伴者，一即妒忌形于色。伊们俩常常互相拥抱与亲吻，和谈了许多的情话。在这样拥抱与亲吻及情话中领略肉体的舒畅，与精神的快乐。伊们由此避免了许多非法的出精及同性的交媾法。

浪漫哉意大利的女学生生活！我不知我们女生有这样的情意否？如其有也，则希望详细告诉我们这个可骄傲的行为。如其无也，则请伊们速速去模仿。这个情爱的方法甚好：既可加增了女性的温柔，又可避免了在求学时期与男子交媾的危险。这个情爱的方法甚好：它是"情意结婚"的经验，女子得到这个经验后，不但会用情，而且将来免受了男子假情义的欺骗。这个情爱的方法甚好：它可使女学生对于装饰及学业各方面的勤修以求其"伴侣"的欣悦。

这是女子们最风流的表现，所谓情爱而不流于恶滥者，我国的女学生们或已毕业或在修学者如能供给我们这项的材料，那么，我们当然感激不尽了。

张竞生

附三

征求性史的讨论[1]

一　行者致张竞生

张竞生先生：

你的《一个寒假的最好消遣法》的征求，可以说是吾们中国现在学术界中一个别开生面的研究了，吾本想即刻将吾的性史写出来应你的征求，但不知你取到吾们的作品以后，是发表作公开的研究的呢？或是作私人秘密的研究的呢？吾想研究这个大众的性史问题的责任还

---

[1]　本文原刊1926年2月22日《京报副刊》。

是归大众自己负担好。

你答江波先生的信中说,你要将你自己的性史先写出来给吾们看看,吾是很感谢你的勇敢,但不知你究竟在什么地方发表?吾想还是在本报副刊上为是,你说如何?请你老实的指明罢,免得吾们轻易的放过。

以上几个问题,请你先答复(在本刊上),吾就将吾的性史原原本本的写出给你及大众研究。

行者,二月八日

二　张竞生答行者

行者先生:

"性史"的稿子,当然应公开研究。不过我想由我们整理后才发表,希望得到一个较有系统的效果。

我的性史与许多寄来的同类稿子,拟编成为专书。书预在二三月内出版。希望你们快快寄来材料以为本书增色。匆复不备,恕恕。

张竞生

三　金满成致张竞生

竞生先生:

要以这类的描写有伤风化,自然不值得你我之一笑;但如江波先生那类的人,怀疑咱们别有用意,却大大可以注意一下。因为这类的人,一方面既了解这是于心理学或伦理学都有关的问题,而一方却持"琵琶半遮面"的态度;四川的土话说"猫儿不吃死老鼠——假慈悲",正是他们极好的形容词。他们自己想作;然而一位别人提倡了,他们反而持怀疑甚至于反对的态度,这是该十分注意的啊!

所以我不怕我现有的爱人见此便与我翻脸,我终于毅然决然写了这篇东西。一切革命的事业,不用几个很胆大的,破除社会上一切传统的成见的人作先锋是不行的。竞生先生,是我——真名真姓的金满成——先你自己当众宣示他的性史之一部分了!多么荣耀阿!

自然,我不敢相信完全没有人骂我。我只要一想到已往的故事,我有些不安了。我记得大致是一千八百六十余年之谱,青年的莫泊三(Guy de Maupassant)[1]在报上发表了一首咏墙诗,意思是描写两个人在墙下野合的情形;莫泊三第二天便被人告发,罪名为"不道德的作家"。现在的中国怎样?还有总长想用明令禁止女学生出外,比起一千八百七十年的欧洲思想,相差何止百倍!那么,我的描写,当然难望大多数的同情了,除了你而外。过去的欧洲,固无论矣,就是前四五年的法国,"La Garconne"的作者(Marguerite?)还受一大部分人的攻击;假如不是老法郎士[2]出来替他作一篇序文,他的书或者到了现在,石虎胡同松坡图书馆[3]里面早已绝迹了。思往继今,真令我不寒而栗!但是为学问而学问,我也就顾不得许多了。

这一篇东西,供献于心理学或伦理学等的材料,或者因为我拙劣的描写弄坏了,先生不容易看出来。不如我加以十分干脆的说明,力避"文学的"含蓄。

我的意思——从这第一次性交后深思八年的结果——以为爱是灵肉一致才算得。然而灵魂,我很同意于古希腊许多哲学家的说法,灵魂是肉体寄生物,譬如影之随形;形亡则影灭。那么,与其说要求人的灵魂,不如痛快些说求人的肉体;我的恋爱观,从此为出发点,而且从此更彻底了。——写在下面:

---

[1] 今译莫泊桑,法国作家。
[2] 阿纳托尔·法朗士(Anatole France,1844—1924),法国小说家,1921年获诺贝尔文学奖。
[3] 石虎胡同松坡图书馆,即原北京西单牌楼石虎胡同七号。该图书馆由蔡锷命名,原址在上海,后迁北京,主馆设于北海快雪堂,石虎胡同七号为其外文部所在。

（a）"舍去了肉体，无所谓恋爱。"

（b）"爱她就抱着她，吻她，和她性交。"

（c）"根据（a）（b）二项的推论：凡在未曾同其爱人吻过，抱过，交过，而能得着快乐者，是因他们有这三项的希望。"

（d）"反之，凡是肉体上没有接触的可能性，恋爱便不能成立。"

（e）"你要不想吻她，抱她，和她性交，那你便算是不爱她。"

从这一个肉的爱的原则为出发点，我们自然可以推出一百条以上的爱情定则来；但是这是 logic 上的把戏，恕我不必多举了。

自然，如 Freud[1] 诸人一样，把人类一切行为都放在性欲上去解释，我实在还不敢公然赞成；但是把爱情认为爱情的根本冲动，这想来不至于有甚么大错罢。现在我就不妨根据这理论往下说去罢。

在一个能够实行自由恋爱的社会里，要求爱情的牢固，依我的意思，还得要有五步保障：

第一步：宣布过爱。

第二步：定了婚。

第三步：结了婚。

第四步：生了小孩。

第五步：彼此死了。

这样的步骤，不是人工假定的，这是不能否认的事实。（自然有极少数的例外。）凡是讲恋爱的人，总在那里努力想一步一步地达到他们的最终点。

自然，在表面看去，这五种保障，几乎全属于社会上人为的仪礼，与恋爱的根本原理毫无关系。殊不知不然。我们只要略一思索，便知道这些仪式，却有至理存乎其中。因为他与我要主张的"恋爱唯肉论"是一致的。我们试把这些步骤放在肉欲上去解释，看看如何结果：

---

[1] 弗洛伊德，奥地利精神病医学家、精神分析学派创始人。

第一步，要求同爱人同行，说话。

第二步，拉手。

第三步，吻抱。

第四步，性交。

第五步，性交到了完满的程度（生小孩）。

第六步，死。

我们在这些事实上，可以抽出一个简短的唯肉的恋爱定义来：

"性欲的要求放射而未达到圆满目的之前及达到目的后之一切状态。"

所以说结婚后的爱情比较不易变迁，这不仅是社会制度使之为然，在性欲方面的关系非常之大。一个女子的确肯用肉来度爱情，她们与人性交，实在含了"爱的过程纪念"的意味的。一个女子要爱你，而借口说性交是无趣味的事不与你性交，这干脆就是欺骗了你。wait and see，她不久就要抛弃你了。我们该当与 Honoré de Balzac[1] 一样说女子所说的话都是不可信的，她们的爱情便在她们的肉上；你只要取得她们一片肉，便算得了她们一片爱。我们男子比较不把肉看为要紧，这是不及女子了解爱情的地方。

所以初次与我性交的她，我至今还不忘她，而且认为她给我的爱比现在我的爱人给我的爱要真诚些，这原因便在此。自然，我那时候是年轻，是没有经验，是不该性交的时期而性交了；但我一想到这使我回忆中还可以得着甜蜜的时候，我不但不失悔，而且得意了。先生以为如何？

在这一点，要同先生谈的话太多，今夜太困，不能多写了。

敬祝

春禧

满成鞠躬，阴历年除夕前夜

---

〔1〕即巴尔扎克，法国作家。

四　张竞生答金满成

满成先生：

你居然肯来凑趣，难得难得。

你的性史一部分，写得极好，将来定然为我们书中最好的一段。

我今就同你们大喊三声：

性的解放万万岁！

性的解放万万岁！

性的解放万万岁！

《性史》序[1]

张竞生

我开头来学金圣叹批《西厢记》的口气，说这部《性史》不是淫书，若有人说它是淫书，此人后日定堕拔舌地狱。这部《性史》断断不是淫书，断断是科学与艺术的书。这个可以用许多事实来证明：岂是淫书，其中所指示的乃一切至美至善的方法！岂有淫书主张壮年男女每星期仅交媾一次就够了？岂有淫书反对种种不正当的交媾与非法的出精？

倘有人读后仍说它是淫书，则我再抄圣叹的话告诉他："你止为中间有此一事耳，但细思此事，何日无之？何地无之？不成天地间有此一事便废却天地耶？细思此身自何而来，便废却此身耶？"假如读者尚不解悟，硬执它是淫书，那么，我们最末了唯有取圣叹的态度，即是对这些人不须"扑"，也不必"教"。我们原来作此书时，就发愿不与他们看，他们到底不看了，正中我们的计划，以便留些册子给予那些头脑不冬烘者一读。

若冬烘先生们气不过了要用强力禁止它的流通，则我对此种蠢方法不免一喜又一惧，喜的是由他们强压的手段正使这本书从暗中四方八面去发展，惧的是因为暗中流通得太厉害了，不免有些奸商从中取利，把这本书原意好处改窜做坏的了，而使它最正经的变成最淫的了。故我预先声明：若此书将来变为淫书，多因为一班人不许它公开研究的缘故！

---

[1]《性史》（第一集）署名"张竞生博士编"，1926年光华书局出版。本文据美国康纳尔大学藏1926年《性史》（第一集）影印本录排。下面的《〈性史〉赘语》出处同此。

《性史》序

这部《性史》不是淫书，乃是科学及艺术的书，凡有眼者只要开眼一见便即了然。这是科学的书，因为所写的皆是事实。就事论事，这是自然的事，这尤其是自然的妙事，它所写的乃许许多多妙人所做的无数无数的妙事。故我们所赏鉴的就在这些妙事，怎样而来，从何而去；如何发展，如何压迫；什么是正，什么是奇；何事算乖巧，何件为笨拙。总之，阅者应当具慧心，张智眼，伸妙手，把这些平常的妙事，再变为人间更加美善的妙事。有些整理起来便成为极有价值的科学材料了，又有些点缀起来就变成最艺术的事了。

事实自事实，他所写的都是自然的事实，即使所写的有时不免被人看做淫事，但实际上仍然不是"诲淫"。他所要写的是事实，事实是如何便写如何，这才是科学家的态度。例如有人一夜接连交媾五次，他写出来，乃写此人于某夜曾做这样的事，并不是请他人去模仿他。事实自事实，一本书写狂人，不能说他是"诲狂"。心理学的事实，于平常外，另有变态的，变态的心理学仍然是心理学，变态是心理学中最重要的部分。性学的事实，自然也有正态与变态的混杂，而且变态的更为性学的好材料。

由此说来，在这本书中无论所写的为正态为变态，只要它是实在，它便具有科学的价值。它与淫书不同之处：淫书是以作者个人虚构的情状，专门挑动读者的兽欲为宗旨；这书乃以科学的方法，从种种实在的方面描写，以备供给读者研究的材料。

这不仅是它所描写的是事实，所以它具有科学的价值。原来这些事如阴阳具，如性的冲动……就是科学的事情。阴阳器官为我人身体上最重要的机关，明白它的构造便明白了人身大部分的生理学。讲究它的卫生，是讲究一部分极紧要的卫生学；研究它的作用，即得到了人类许多的行为以及优生学。知道了性的冲动是何因由与何结宿，我们就知道了不少的性心理学。由性冲动的结果而得到了男女结合的现象、夫妻的制度、家庭的成立、子女的养育、宗法的建立、经济的关系，这其中已经包含了不少的社会学了。

由性的爱慕，人间有了崇拜生殖器的宗教；从性的升华，世上发现了不少表情的艺术。我们若再延长讲究下去，尚有许多的学问与性有关系。性的学问大矣哉！重而且要矣哉！我们所怕的就在这部《性史》中不能充分得到种种的事实。岂因事实中有些不免为世人所嫌疑为淫的，便去抛弃的道理？

再进一步说，我们不但看性为一种学问，我们尤当看它为一种艺术，把它好的美的方面竭力提倡，把恶的劣的材料立意放弃。到这层上，我们所取的态度与前大异，我们在此不是如科学家一样说："一切事的存在皆是好的。"我们所取的是艺术家的态度，对于一切事皆不满足。不好的固当求好，好了美了，尤当愈求其再好与更美。

比如交媾一事谁人不会，但我们所提倡的乃是科学艺术的交媾法，它比普通的不会涉入于淫而反能得到肉体最大的快乐。又比如男女的交际谁人不能，但照我们的艺术方法做去，则可以得到男女彼此心灵上的最协洽与和谐。用艺术的方法做去，男女相与间，自然能于肉欲中得到心灵的愉快，于心灵中又得到了肉体的满足。男女间能互相裨助，既不损男，又不害女，男女一体，灵肉一致。由此，一方面可以得到性欲的升华，一方面又得到优生的结果。艺术方法的重要诚如此者，故我于每段之后加上一些"按语"，希望供给读者些少艺术的方法，以便得到男女间最协洽的效果。

以科学家的态度而言之，于各人性史上所要的是事实，当然无顾忌无避讳，应有尽有，登载出来。可是在"按语"上，我们所要的是一种最美的艺术方法，而希望由此方法，使这个被世人诬蔑为猥亵与误会为神秘的性欲，变成为世间最美妙、最兴趣和最神圣的事业。科学与艺术，并进而不悖，使阅者对于今后的性欲，一面得了科学的教训，而一面又得到了艺术的技能，这就是我们发刊这部《性史》的用意了。

民国十五年四月，北京

《性史》赘语

张竞生

这部《性史》居然出版了。每篇各有它相当的价值，凡中学生以上及一般成年的普通人应该给他看，看后定然有益。少年人最易犯的是过度的手淫及种种不正当的出精，北京某著名医生说他不知亲手诊过了多少少年死于摧残自己的性官之下。每见少女香消，弱男神倦，痨疾袭来，肺病已成，可叹有用的青年更葬丧于五指之中。

这个罪恶都缘于不知性学而起，这是一种；或则营两性的生活，恣情纵淫，以致双双埋葬于欲冢之中，这又是一种；有则男女虽经过了若干年的聚合，但不知性趣是什么。尤其是女子方面，怀恨难诉，诸病丛生。男因此不能尽欢，遂不免外遇，或嫖妓，或置妾，这又是一种；其他尚有许多罪恶，都因不知性学问而起。所以我们这项公开的研究，即在希望把这些性的罪恶竭力铲除，而代替了一个极有利益与极有兴趣的工作。

因此，我们恳求世人供给我们如此集所登的普遍性材料外，并且特别地供给我们一些表白：如手淫、男色、同性爱、兽交及各种变态的事情。此外，女子方面的身体、性官、性欲及性心理，更望接触者代为详细的描写，娼妓与相公也极望供给我们极多的材料。

这第一集匆率出版，许多好文字不能加入，至为抱歉，尚待次集发布。至于竞生个人性史，本极平庸无奇可录，但既承许多人所注意，待在后来某一集中自当写出领教就是。

《性史》之史[1]

张竞生

语云，少见多怪。《性史》第一集出版后，居然风行一时。有一班人说是淫书，有一班人说是性教育。就我个人的观察则以为皆是而皆非也。它不是淫书，因为本书目的乃在给人一些性学大纲，而使人利用科学方法以便达到最大的性趣。大胆说一句：我教人怎样就能使女子出"第三种水"的方法，于我人交媾上起了一个大革命与恋爱上成了一个大建设。这就是我的大功劳。可是，江平那篇性史[2]写得太动人，难免血气未定者看后就大冲动特冲动起来，故说它不是淫书也未免为过于强辩些，不过这本是"新淫书"，不是旧淫书就是了。新淫书的淫字，如上新淫义所说，其所以与"旧淫义"不同处，就在它的功大于过。这又是我的小功劳。

自《性史》出后，赞成与反对者各有其人。赞成者不过些青年在言论界上摇旗助势，或在学界上声应气求，但终不能敌过反对者的势力。反对者大多是一班老人物执有社会相当的权力。今先说北京的巡警总监吧。报上载过我被拿办，实在并无其事。彼不过派几个便衣侦探在各书摊用口头问卖书者说这本书是淫书不可售卖至于不便。究竟，当本年（1926年）五六月时的北京当局尚是文明，极讲法律。不但我个人保住自由，就连一点公文也未尝顾临敝宅。

---

[1] 本文原刊1927年1月《新文化》创刊号。第2期上未见续文。
[2] 指《性史》第一集中江平所著《初次的性交》一文。

检察厅完全无检举,报纸也无多大议论。唯有日本人开的《顺天时报》[1]大造其谣,说我怕拿已偷走出京,又说法庭拟起诉了。这个外国造谣机关的影响甚大,居然有上海报驻京通讯员照电话打到上海来,于是不才竟侥幸得了性学专家的荣衔了。这些北京事说起来甚觉枯燥,我拟在后头谈我在广东及上海所得到的较有趣的史料。(待续)

附一

张竞生启事(一)[2]

现市上所卖的《性史》第二集,系假我名,内容恶劣,价钱奇贵。曾经涉讼,现已由调和人商妥,双方和平了结,除赔偿我个人名誉及存书销毁外,并登报(由我名誉,而报费则由假造者出)将该书内容宣布于下,以免买者被骗。冒我名的《性史》第二集每篇之名及作者如下:

我之性生活——SW生

春风出度玉门关——映青

别有一番滋味在心头——冠生

我的性经历——志霄女士

佳境:我们的性交经历——沦殿

我之同性恋爱——浮海客

---

[1]《顺天时报》,1901年10月创办于北京,系日本人中岛美雄主办的中文报纸,初名《燕京时报》,1930年3月停刊。

[2] 本文原刊1927年上海《新文化》创刊号。

附二

张竞生特别启事[1]

现市上发现许多假冒我名的书籍，如《性史》各集及《性艺》等完全与我无干。又美的书店所卖书概由我辈严密检查过。凡一切影射投机书籍，本店断不承卖。

---

[1] 本文原刊1927年《新文化》第1卷第5期。

答周建人先生《关于〈性史〉的几句话》[1]

张竞生

多蒙世人厚爱,到如今对于《性史》第一集批评者确实不少,可惜误会者并未见其之多。周先生此次批评,"不幸得很",也不免是误会中之一。凡他所批评要不得的,便是我们已知道而固意要如此的。例如:《性史》的宣布,只要它是"论料",以给性科学家的参考与及一般普通人鉴赏。而周先生的意见是:"一般人所需要的是由论料得来的结论,不是论料本身。"这与我们的意见完全相反!论料的结论诚属重要,但这些结论是一种抽象的性质,颇为枯燥无味的归纳,定然不能引起"一般人"的兴趣。我们《性史》的取裁与此大不同,乃在给阅者一些有兴趣的"论料本身",而使阅者随事去领会检点,所以它能成为今日一般人所欢喜的本子,不是一些性的定则,如女子性周期律一样,仅仅供给一班科学家研究的兴趣。

周先生又说:"又那些性的经历的自述,差不多大部分尽是空泛的叙述,描写性生活之处,也多是小说的……"这不仅是误会,真是武断了。凡稍知《性史》之内容者,可以说:"又那些性的经历的自述,差不多大部分尽是事实的叙述,描写性生活之处,也多是文学的。"究竟,空泛与事实,本来非局外人所能知道,至于小说与文学的分别,尤觉苟非专门文学家不能轻易得而武断了。

现转入本题一说吧,我对于"卵珠与第三种水齐来"的关系一段

---

[1] 本文原刊1926年上海《一般》杂志第1卷第3期。

上，明明说是我个人的推测。那么，纵有错误尚是科学，因为推测即是科学的起点，凡科学的成立类皆由推测而来也。其实，我尚不肯认错。卵从卵巢而来，卵的成熟期，既与女子性周期和性兴期有互相关系，怎样我不能说卵的发落与性兴来时的第三种水同时而来？这个推测极合乎逻辑，此后唯望专门家去证明事实到何地步而已。退一步说，即使我有错误，乃在行文太简单不能达我上头之意罢了。若说："女子每月仅有一回卵珠成熟，但她在一月中因为可以出了几回或几十回第三种水，故不能说每次第三种水来时就有新卵珠下来，乃是有一次或若干次于第三种水来时卵珠也同时乘兴而下，如此受胎，其婴儿必较活泼健壮。"……如此改去，较免语病，但与我的原意仍然一样。

至于周先生所引息格尔博士实验的结果云云，以反驳我说，但我也可搬出许多医学博士证明壮年无病的妇女无论何时均能受孕，以为我说的辩护。即以息格尔所说关系月信水开始后之第廿二日至廿八日完全不能受孕的证明，也不能驳倒我的推测，因为他不能证明妇人在此时期无性兴和无第三种水出来，也不能证明在此时期完全无排卵。因为不是每次排卵即会受孕的，故不会受孕与会排卵二件事完全无关也，以息格尔的结论，最多只能证明妇人在此时期难于受孕，不是完全不能受孕，周先生自己也知它的效果，不过是"或然数"罢了。总之，我虽不是报上所说的"性欲博士"，但我看的性书也有相当的积量，而我的主张常有超过于一班普通自命性学家的思想范围之外，这是我的抱歉处，也是我值得骄人处。

说及"淫义"及避孕等节，我尚保持我原有的主张。不过，我视这些事一面是科学的，而一面更重要的是要个人自己去利用艺术方法，关于这些详细处，我希望作专书去讨论。今从大纲论，就性的事实说，当然是科学的事，但对付性的方法，完全是艺术的。若使我们《性史》，能如周先生所说，对于"爱的艺术"得有相当的贡献，则我们之目的已算达到了。此外，尚有何求！尚有何求！

附一

关于《性史》的几句话[1]

周建人

西洋的教育家、医学家等感到性知识的重要,年代原不很久远,这种"潮流"的传播到中国,自然更是近年的事了。但在最近几年中,中国的出版界关于科学的书籍却也出了不少,其中最为一般人所注意的,恐怕要推张竞生先生编的《性史》(《性史》第一集,定价四角,不写出版处,只说代售处各种书局)了。当此书预告登出来的时候,便引起多数人的注目,五月间印成出版,大家争先购阅。但不久闻在北京被禁止了。不过禁的只管禁,卖的仍然卖,看的依旧看。闻北京翻印本已不止一种,上海也有,可见此书的受社会欢迎了。

《性史》全书一四〇面,除在首尾的是张先生的序和赘语外,内有性经历的自述七篇;各篇是独立的,并没有统系上的关联。所以本书不是有系统的科学的著述,只是几则论料(data)的结集。

"论料"在科学上是重要的,因为科学上的公例和推论都须以论料为依据。不过论料的趣味只在专门家才有,在普通读者看来是很少趣味(此就纯科学的论料而言,若《性史》中的小说的描写不在此例),也很少利益的。科学的进步基础在搜集新事实和归纳复杂的事实为简单的定律和说明上,换一句话,即专门家搜集论料,归纳为定例,而加以简括的说明,使读者读这著作便知道事理的真相,不必自己向复杂的事实中去寻求。不然,人的记忆有限,而事实无穷,是很

---

[1] 本文原刊1926年上海《一般》杂志第1卷第2期。

容易被压倒的。斯托泼夫人的《结婚的爱》里说明女性欲望的周期,她并不仅仅将论料列举出来就算,便因为一般人所需要的是由论料得来的结论,不是论料本身。照这样说来,《性史》的材料既是一些论料,在研究性学的人自当不无可以供参考之处。但据编者的意思:那书是在给中学生以上及一班普通人看的,这未免不很适当吧。

又那些性的经历的自述,差不多大部分尽是空泛的叙述,描写性生活之处也多是小说的、情绪的描写,这在性的说明上是不大相宜的,尤其是在目的供给普通成年人看的读物。大凡普通读者,假如读一种科学书,注意力最好集中于应用方面的倾向,读性科学书也是如此;所以如书中忽略深沉的讨论和科学的态度,而只用富于情绪的、小说的笔来描写,结果会得使读者不能发生知识欲方面的趣味,而只当它作一种娱乐的目的物的。今《性史》的取材,实带有此种倾向,如果的确如此,不能不说此书的缺陷了。

以上是我对于张竞生先生征集的几篇性的论料的一点意见,以下略论张先生的按语的内容。不幸得很,张先生的按语中常有错误和偏见的地方,举例来说罢:例如他说(一四到一五):"现时一般人只知卵珠有一定成熟的期限,成熟后就下到子宫储藏。这个仅见其一,未见其二。就我推测,盛年女子的卵巢永久有成熟的卵珠,好似男子的精囊一样,永久有成熟的精虫。如女子太久无丢第三种水时,卵珠太多,难免把一部分太成熟的挤到子宫……若由女子兴趣后,才由卵巢下来的新鲜卵珠,则不但易受孕,并且受得好孕……"这样妄自推测的话,未免太忽略了近代科学上的研究了。据张先生的假设,女子的排卵是和男子的排精一样的,即女子丢第三种水时即有新鲜卵珠出来,否则只是无用的老卵珠被挤到子宫,我敢问张先生说这话时有什么未发表的科学上证据没有?

据今日科学上所知,不行性交,不即排卵,在下级哺乳动物里是有的,在人类里是否有此现象则甚为可疑。人的卵巢中确藏有许多滤泡,里面各藏有一卵,但这等卵珠成熟之程度各不相同,每一次性周

答周建人先生《关于〈性史〉的几句话》

期（在人普通为二十八天）普通只能成熟一卵，出滤泡，经输卵管而出来。这卵珠便是新鲜的，并非太老而被挤下来的；即不行性交也会出来；这是生理学家一般公认的事实。盖女子自由其性的周期，决不能说和男子的排精完全一样。德国息格尔博士（Dr. Siegel）在大战时得到一个研究的机会，他的研究，在科学界中很著名。当欧洲大战时候，德国在军队中的兵士有时候可得少数几天的假期回家去休息，息格尔博士就乘这机会调查那些兵士的妻子的受孕的情形，去研究月经前后的受孕的几数（probability，也称盖然数或或然数），怎样研究的结果，见月经来潮开始之日算起的第六日及稍后，受孕的几数最高，到第十三日，差不多还有同样的高，以后才渐渐低落，直到月经开始之日起的第二十二日为止。第二十二日起到第二十八日，这期间行性交差不多完全不能受孕。如果照张先生的推测，性交后只要得到性的满足，随时能分泌出新鲜的卵珠到受孕，那么二十二日到二十八日这期间何以会得完全不能受孕？岂在这时期交媾的兵士，恰恰尽是性交不能的吗？

张先生的按语中曾讲起避孕的方法，并竭力反对斯托泼夫人的主张。其中也很多偏见。不赞成洗腟法的原不只斯托泼夫人一人，有些医学家从效力上也常常反对这方法。但重要的理由她的《贤明的父母》已有说起，这里可以不必再赘述。张先生既注重爱的艺术，我觉得尤其不可忽略斯夫人所举出的妨害美感的理由。况且洗腟是要在女子的身上施行的，是否方便，更其应该征求她们自己的意见。今张先生最有效而且最不损害艺术、健康的方法，并首反驳斯托泼夫人的话是"我想斯托泼夫人未免太贪便宜了"。这是什么话呵！莫非这等问题是只要用"太便宜"与否一语所能讨论出究竟来的吗？又斯托泼夫人所说的洗腟是就避孕一事上而言，在治疗上当然是另一问题，今张先生说："一，据医生说，中妇患白带病者十有八九，正宜常洗腟以去浊，今若斯托泼氏说行，妇女白带病更不堪说了。"这又成什么话呵！

张先生在按语里曾立一性交的规则,说每星期只应该交媾一次,并且在序上说:"岂有淫书主张壮年男女每星期仅交媾一次就够了。"其实各人的生理状态的不同也如其面,有些人虽属壮年,即每周一次也会觉得太劳;有些壮年,则每周一次会觉得如在禁欲之中的;各人很难一律。我闻有青年曾把这问题询问一位名医,他的回答是说不能代人解决这等难题,只有自己去体会的;他的意见大概以为性交之后,在思考力及体力方面如丝毫不觉着疲劳,即全体机能仍然锐敏活泼如常,这是表示并不过度,否则便宜节制。我以为唯一的方法,只有使青年理解性的生理和卫生,叫他们依据了这些原则,再加上审察双方的情况,去自行调节,别人却很难以代立通则,说每周最好性交几次的。至于说每星期只主张交媾一次,所以不是淫书,我以为这话也太武断。淫书与非淫书自有其不同的态度在,分别并不在这一点上头。我记得马丁·路得的文里,曾说过每周不妨性交二次,然而则我们可以说他的话是诲淫吗?

浙江的东部有一句话:"光棍好做,正六难过。"意思是说光棍是容易做得的,只是正月间妇女们浓妆艳饰了,六月间衣服少穿了,乳房的形状露出来,这时候才觉得有些过不去!在这样性的敏感的社会里,于是女子束胸束得成畸形,扁平的像金陵的板鸭。在这样的社会里,于是维持风化的绅士也都出来了,反对裸体跳舞,并反对"莫台儿"[1],或甚至看见裸体画也如同受到威吓。这缘故只因他们遇到这些东西,或关于性的文字,发生不起来知识欲的或审美的趣味,而只发生肉感上的冲动,想到性的方面的事情去。这种心理过程可统称之曰"观念的联合"。我们应当感谢俄国的老生理学家巴甫洛夫(Pavlov)氏,他试把老鼠养在笼里,近旁装置电铃;每日放进食物去的时候,使电铃响起来。久而久之,电铃一响,即没有食物放进去,那鼠自在找寻食物了。这个试验给我们的卫道的先生们下了一个解释;便是他

---

[1] 即模特的音译。

们只要遇见和性生活有关系的一切东西，便会想起性的事情，如老鼠闻到和食物有关系的电铃即同时想到食物一样。

在这样的社会状态下，张竞生先生的《性史》编印出来了，并且闻说还预备二集、三集的陆续出下去，不知共有几册。从已出版的第一册看起来，虽然尽有着科学上的错误和许多主观的偏见，一看知道编者对于这工作实在不是老练的工人。但他的仿效圣叹评《西厢记》的态度，竭力说明这不是淫书和大呼性的关系是科学的，也是艺术的等等，不能不说是对现社会的一种反抗，至少也能够给维持风化的绅士们一个不舒服。总括的说起来，《性史》这书的重要，在科学方面并不多，在"爱的艺术"这种运动方面或者比较些的有意思。

附二

答张竞生先生[1]

周建人

我读了张竞生先生的答辩后，还有几句话要说，现在简略的说明于后。第一，张先生说明他的主张，认定灌输性知识是应当用富于趣味的笔来述说各个人的性经历的，对于这一点，我始终不敢赞同。我以为科学文字能做得有趣味固然好，但没有趣味也不要紧，只要所说是真理，如果不真，有趣味也是无用，又性生理的著述和动植物的自然史不同，动植物的记载固然须不怕繁琐，把各别的种的性质及其生命史一一记载下来，供人去阅读。生理科学却可以不必如此，或竟

---

[1] 本文原刊1926年上海《一般》杂志第1卷第3期。

能如此。譬如生理学的书主讲起食物入口会有唾液出来,正用不着说赵某放牛肉入口,有唾液出来,钱某放马铃薯入口也有唾液出来,孙某食菜也有唾液出来这样的一个个的举出来。如照张先生的意思使人领会性科学,必须叫他们去看各人的"性史"的,那么中国的人口号称四万万,在一世代中,记载起来可得四万万条,下一世代又可得这许多的"性史"了。如果照张先生的主张读抽象的科学结论不及读论料的好,那么恐怕将来的中国人,要连吃饭与睡觉的工夫都没有了,除读《性史》之外——除非张先生说《性史》只要读他编的几则恰恰最好。若张先生以为因《性史》为今日一般人所喜欢,是有科学价值之证,我却有一句不识趣的话要说:我以为社会上人喜欢与否是不能作这个标准的。这是历史的事实了,哈维说明血液的循环人家全不理睬,直到五十年以后;达尔文唱选择说,他的儿子佛兰司·达尔文[1]说五六十年来只受人的唾骂;然而中国的《杏花天》《金瓶梅》一类的书,似乎在社会上是很受欢迎而且流行的,然而我们可以说后两者的科学价值比前两种高么?

第二,张先生以为须把"空泛"两字改作"事实","小说的"三字改作"文学的",才真合事实,这有点使人莫名其妙。"空泛"是事实的形容辞,并非事实之反;"小说的"是形容描写出来的情形是怎样的。张竞生既认为这不单是误会,并且是武断;然则能举出理由,证明《性史》的叙述完全不空泛,与描写得并非小说的么?又张先生既说"凡稍知《性史》之内容者,可以说……"了,然而接着便说"究竟空泛与事实本非局外人所能知道",马上又把上文打消了;上面既把小说的改作文学的了,下面却说"至于小说与文学的分别,尤觉苟非专门文学家不能轻易得而武断了"。这里是否张先生以"局内人"和"专门文学家"自居呢?

第三,说推测是科学的起点,这我不敢反对,但我敢请张先生不

---

[1] 今译弗朗西斯·达尔文(Francis Darwin,1848—1925),查尔斯·达尔文第三子。

答周建人先生《关于〈性史〉的几句话》

要忽略了其间的历史关系。大家知道天文学起源于占星术,化学起源于炼金术,希腊 Empedocles[1]等辈的怪诞发生说则是进化论的起点。这是历史的事实,不容否认的,但既已到了科学昌明的今日,如有人再提出类似占星术、炼金术及"兽身人面"一类的荒唐话,我们能再认它是二十世纪的新科学么?

张先生要用推测,那当然只好请便,但须有一个限度,即还未经过科学研究的事物,即本来在科学界中不知道的事物当然由你去推测。在科学上已研究得有条理的,只能用试验去证明是否或探讨,不能再用推测的话去说明,因这只有使科学混乱,不能使科学有所进步。西洋对于性的科学研究家颇多,我们要证验他们的研究是否真理是需要的,但不顾他们的研究而妄自测量,我却以为不可!张先生一方面犹说"此后唯望专门家去证明事实到何地步而已",未免对于这门科学的消息太不灵通吧?盖据今日专门家之研究,足以证明张先生的推测为不合事实。至于张先生说《性史》中讲排卵一段文字,应当改过,以"较免语病"。这是我应当道歉的。因据理似不应当把并未确定的文字拿来批评,但我一方面也得请求张先生谅解,因为我并不早先知道张先生是还要把它来修改的呀。

至于我提出息格尔博士的分析研究以作说明者,原因在于他的研究最足以说明女性排卵的情形,其实每四周间普通只能排卵一次,又普通为一卵排出,这已早证实,更无所用其怀疑的。若张先生怀疑于或然数,并以为不甚可靠;此处虽不能不佩服张先生的用心周密,然亦未免过于周密了。近代的科学虽然已脱出推理和观察的时代而进入试验的时代,但有不能试验的,不得不用统计(有时并不得不用观察和推理),在这当儿,于是有或然的计算(the calculation of chances),于是就有所谓或然数或盖然数,或称几数之发生。此字英

---

[1] 古希腊哲学家恩培多克勒(约前490—前430),其思想中带有演化论和适者生存的想象成分。

文称probability,在科学研究方法中是很重要的一个了,张先生以为不大可靠,大概因为看了或然两字之故吧?

张先生说:"总之,我虽不是报上所说的'性欲博士',但我看的性书也有相当的积量。而我的主张常有超过于一班普通自命性学家的思想范围之外,这是我的抱歉处,也是我值得骄人处。"这一段话,我真不知命意之所在。性生理的几条根本原则,并不是难知的事情,只稍读一两本标准的著作就可以明白大要的。读书虽多,如果自己不遵守科学的态度,以致推论陷于错误,仍是不能叫书籍去负责的。我前次的文章原本只说张先生的推测和近代科学研究家所得结论有点不符,至于发生此种推论是由于读书太少抑或太多之故,这却不是我要讨论的问题,所以张先生可以不秘自己说明读书有怎样的积量。不过主张和事实是一件事,譬如说应该不应该避孕的,这可说是主张,说到一月排卵几回,那只是对于某一种事实的说明,不是主张。因前者是价值的问题,后者是事实问题也。如果事实上普通女性四周间只能有一度的排卵,而有人偏偏主张随进能够排出,这不是大笑话么?所以讨论排卵的问题之后,张先生接着便说:"而我的主张常有超过于……"这是妙论。若说到主张和人家不同,是用不着抱歉,同时也不必骄人的;如果说读书有"相当的积量",便可以骄人,不知这种态度合于科学否?

有一次我在一种刊物上见到一个西洋人的文章,是骂中国的学科学的人的,其中有一段我还记得,大意说:中国有一种似Cacoethes scribendi(著作狂)的风土病,病人不单是异常的想望写,且所写的题目是为他所不大知道,或者竟是一点不知道的东西。这种形式的病源学是很有趣味的。在这里面有病人的无限的乐观便是显著的症候(仅是大意)。这里张先生当然用不着介意,因为那《性史》原本只是一些辑集,并不是怎样的著作。不过我觉得,科学能够学固然很好,但如果没有机会学或学不会也不要紧,只要能够做别方面的工作,不必说一句话一定要戴了科学的面具来说。因为不合于近代科学的科学

答周建人先生《关于〈性史〉的几句话》

是伪科学（pseudo-science），伪科学比无科学更为有害，无科学不致妨害科学，而伪科学是能使科学混乱，它不能增进科学，反而要阻滞科学。

我是很感情作用的，见中国被人斥责，多少感到不快意，但看到本国人的一种伪科学的态度，其不快更甚于被人说无科学的著作狂，因有改进的希望，而要希望伪科学变为科学是难能。我想到这里，对于张先生的不提出理由而仅说对于"淫义"及"避孕""我尚保持我原有主张"的话也不想再讨论了。

性书与淫书[1]

张竞生

导 言

性史性史！方今多少文氓书丐多少罪恶假你之名以行！性史性史！我为你受了多少道学家的侮辱与仇人的倾陷！性史性史！我又为你享受了多少青年不应当的赞誉！究竟，你的名真如此之不祥吗？你岂无一些来历表白于世，而一任世人永久如此抹煞吗？我个人的毁誉固不足计，可是你在学问上及种族上种种重大的关系，岂可使你被诬到底么？

说及性史征求的动机乃起于三年前我为北京大学哲学教习而兼任国学研究院风俗调查会主任之时。那时我曾拟了一张风俗调查表，内列应调查的有三十余项，性史即占其一。后经会员讨论之下以为这个性的调查手续甚难，遂决裁去。但使我后来决定单独调查者其动机有三：

第一，我曾研究霭理斯所著《性心理》丛书（它已成为世界名著，刻由我主译，在美的书店出版好些本了），见其中所附属的性史（Histories of Sexual Development）材料甚为丰满，不但由此可以知道个人性的真行为，而且可以得其材料为性学的研究。可是同时使我大起感触者：这部丛书虽为世界名著，但关于我国性的介绍甚属寥寥而

---

[1] 此书1927年12月初版，由上海美的书店发行。

且很不确当。例如说我国人不重处女膜,因少女入浴用指勾入阴户而洗涤,以是处女膜无一存留。又如说我国父亲于其女孩三四岁后就不敢与她亲吻,恐怕触动她的性欲。诸如此类,多与事实不符。这也不是作者有意侮弄,乃缘我人对于性的材料甚少贡献,遂使外人误会到此。由此引起我征求性史的动机之一。

第二,我以为在学问之前,一切平等。研究天文学者不能视为高贵,而讨论性的问题者不能视为鄙贱。就学问说,并无此高彼低。牛屎马尿与花露水同样具有化学研究的价值。性交机能,与蒸气管抽送同样具有机械学的深理。若就其人生实用说,则我以为性学比他种学问更为重要。最可惜是国人对此层学问视为鄙贱不屑过问。这也使我生了人弃我取,以征求性史而治性学的动机之一。

第三,我鉴国人因为太不注重性的问题,遂生出了两个极恶的结果。一边,则对性问题,一言不敢道及,一字不敢写及,以致养成了一班虚伪假饰的道学派。一边,则因人类性的要求不满足,遂产生了一班闭门杜撰、向壁虚构的淫书家。道学家的制欲,与淫书家的纵欲俱足以摧残人性。我们看这两边的危险而想打出一条生路来:唯有一边,扯碎程朱的《四书集注》;一边,焚却了《灯草和尚》的恶缘,而于其间从新产生一些具有科学价值的性史。

由上三个动机,我的性史征文终于登在《京报副刊》之上了。我本希望至少可得千数百篇性史,借以周知国人性的真相而得从事于性学的讨论。殊知在征文登出一个余月后,收得性史不过十几篇。推其情势,似乎投稿不能再多。眼见我的计划将于失败,遂择其佳者汇成为《性史》第一集先行出版,第一意思乃在借此以引起读者的兴趣,而使其投稿源源而来。但尚有一要紧问题而使我亟亟于出"性史第一集"者,则为"第三种水"的发见。我前在书上仅能领略此水的一些作用而已。自得到"一舸女士"那条性史后,顿时使我觉得这个发见的重要。因为女子能于交媾时出第三种水,不但对方男子得到性的满足,而且女子能得精神与肉体的和谐,并且于优生淑种大有关系(说详载在拙著《第三种水与……》一书）。

我以为这个发见有使世人即时知道的必要，遂决定将《性史》第一集从先出版以广第三种水的宣传。若待性史量数搜罗满足后，诚恐不是三五年间事——有如霭理斯《性心理》丛书前例，则彼曾下了二三十年收集的工夫而后才能出书，以是我终想迟缓出版，不但使男女不能尽得到第三种水的利益，而且于我们种族上的救济也太对不起它了。另有一种因由，而使我急急出《性史》者，则因见这个虚假的道学社会的根基已经动摇。若使我们从性方面攻击它一下，则必使它连壁垒也不能存在。从性入手这是斩草除根的方法。故我们也曾逆料《性史》一出，必使一班老朽寝食不宁。但是他们的死力挣扎，正见他们阳光返照时的最后一刻的抵抗，也愈见我们这最后的一击为不可少了。

结果《性史》第一集终于出版了！一声霹雳而下，打死了不少的制欲道学家，同时警醒了多少纵欲的少年。淫书！淫书！处处皆闻老朽者的呼声。圣经！圣经！各方又闻了一些青年的呐喊。

究之，以真正的性史为淫书，根本就不知性书与淫书的分别是什么！《性史》是性书，但不是淫书，这个可以从下四方面看出来：

（1）《性史》第一集是科学的论料——它乃由一些当事者从事实写出。因为它是各人性的信史，故无论所写是什么，皆具有科学材料的价值。

若我们能将这些性史汇集起来，则可以见出我国人性的实状是什么，而由此归纳其同原与演绎其结果，于是一部分的性学可以成立。例如我们见到一砢女士与董二嫂[1]因性欲不满足，即不能得到好感情，而至于另求所欢，则可知凡要得伴侣的幸福者，闺房之术也不能不讲究了。又如我们见到许多男孩的性欲破题第一遭乃为与一群少孩行"娶亲"的玩耍而发的，则为防范少孩的实行性欲起见，应当从这

---

[1] 见《性史》第一集中江平的《初次的性交》。

样玩要注意了。凡此举例足以见性史的研究，可以为性学的根据。

性学关系的重大，就其横说，它与生物学、生理学、心理学、社会学等皆有连带的关系。就其直说，它与人类身体的壮健与精神的升华皆有密切的相连。一切生物，人类当然在内——的生存，大部分是为性。即如食（广义为经济）也不过为性的准备而已。就我国人说，因为性学不明了，以致女子大多数犯了不满足的性病以致生趣全失。而大部分男子又不免陷于纵欲而堕落。故我觉得今日救国救种的方法，性学比什么科学为重。性学乃制造人类的学问，而为优生淑种的关键。性学不讲，人种不良，由此一切学问皆无从着手。我曾说我国变法不后于日本，而得效果如此之薄弱者，大部分应归咎于我国人种不良（见拙著《美的社会组织法》"国势部"篇）。因为这样劣种，第一，他们不能好好去研究学问。第二，无论何种学问一到他手就变为最劣的结果。例如政治、法律，乃经国的大纲，但一到中国人手就变为政客舞文弄法的法宝。又如性学本是正经的学问，但一到中国人手，就变为淫书的变相了。故为救好一班人种而使其好好去研究各种学问计，所以我人不但不可羞讲性学，而且当大讲特讲。但要讲性学则不可无性学的论料。性史的搜求即为性科学的论料之万不可少者。我重视性史即在此。证诸霭理斯在其名著的《性心理》中所载性史也极丰富，因非此不足以为研究的材料，而又无以证明其说之所由来也。

或有以《性史》第一集为病者，则说青年看了《性史》后，性欲不免由此冲动而致生出种种性的罪恶。他们只见一端而忘却许多事实。《性史》固然能使阅者起了性的冲动。可是青年性的冲动，乃是自然必至的事实。我们知道许多青年全然未见什么性书与淫书而性也大动特动。其最危险者，他们因不知性的利弊，而因性冲动之故，每每罹了过度的手淫与不正当的性交。故要使青年性不冲动，实在不可能的。他们性的冲动乃从身内发出，原不关乎外物的刺激。若要禁止外物的引诱，则不但要禁止性史与性书，而且要禁止他眼所视的猪狗尾交、虫豸飞舞。又要禁止他看了许多油头粉面，与阻止他耳朵去听许多淫语浪声。甚且要禁止他鼻不可嗅到香味，舌不可触到刺品。况且这些设皆禁止，而亦不能阻止他身内所应发育的性冲动呢。我们意见以为不怕青年性的冲动，而怕他乱行冲动与过分冲动。但这个不是从上说的种种禁止的消极方法所能成功的，根本的解决还当从性智识入手。我收到许多性史，都说他们未读性书之前往往乱行手淫与交媾。及待得到性智识后才归入于正道，这也可见从性智识入手，能引导性从好的方面去发泄了。

（2）《性史》是有艺术的作用——我们也知看《性史》者必至于冲动，故我于每个案语上留意给与读者一些艺术的方法使他们能够去操纵性欲而不为性欲所操纵。又使他们能够好好去引导性欲入于正轨而不至于乱动。说到性史必须说到性交，这个乃因性学与别种科学不同，原不以此为诟病。进一步说，正因其谈及性交，所以才成为性学。不过性学所谈的性交与淫书所谈的不同。性学所讲的性交，一在以科学智识阐明性交的道理；而一在以艺术方法教人怎样得到性交的美善。即如我在《性史》所说出第三种水的方法来讲吧，其作用在使男女得到性的最满足，但不是如淫书的使人纵欲，也不是专为提倡"性交主义"。我们要的是男女能得性的满足，则免至于女子犯了"性的忧郁病"，以致神衰身弱，其甚者则成为神经病而变为泼妇暴妻。又使男子得到性乐后免成为"性的残酷病"，而去摧残女性以成为暴虐之夫。此外，男女各得性的满足，则彼此伴侣之爱日深而得从事于学术及世事的努力。末了，则因男女性的满足，其所生的子女较可得到美善的体质。故性交的研究，原有大道理在，非如淫书的一味提倡多交为乐也。我在《性史》第一集上说明虽在壮年男子性交不可多量，以为每星期一二次尽够了，这也可见我们的主张与淫书不同处。况且我们所说的艺术不单为性交，乃为两性相与的总说法，更见其效用的广大了。

（3）为性道德的救济——不讲究性问题的国民其流弊必出于二

途：不是愚昧即是乱做。其实凡愚昧的未有不乱做者。因其愚昧，遂不知性的利害，以是将好好精力消费于无谓之地。例如许多人不知手淫的弊害而一味借此取乐者，或则一人置了若干妾以恣其淫欲者，或则逛妓以得终身不治的性病者。这不过就肉体的摧残而言。其精神上，也因愚昧之故，而不知两性平等与相成的原则，以致男子每每摧残女性而使女性不能得到正当的发展。我们在性史上处处为女界代抱不平而使人知道女性的重要。并且随时指出现社会性的种种不道德来，以免使青年陷入于性的罪恶。例如一面，我们反对一切变态的性交；一面，我们指出两性如何得到亲爱的法子。凡此皆为性道德最好的指南针。

（4）为情感的宣传——《性史》的第一集最出色的为记载情感的文字。在江平那条上，我曾批评它是情史不是性史，这可见性史不单以性交为重要了。善看《性史》者，于其中可以见出生理、心理、社会、各方面俱有情感的原素在内。唯其有情感，所以心理上觉得愉快，生理上能出第三种水。唯其有情感，所以董二嫂与江平能够跳出礼教的范围而为情人的结合。若看《性史》为专门讲究"性交主义"未免抹煞其中的重要事实了。

总之，就《性史》原文说，皆为个人性的信史，故无论它所写的是什么，皆当作性学的材料看，断不能视为淫书。就每篇的按语观，则我竭力给予读者一些性的艺术与性道德的指导及情感的升华。间有说及性交者乃因它是性史，这为势所必至的，但断不能以此定其罪名。霭理斯的《性心理》中所载的"性史"比我们的更厉害到若干倍，怎么这部书享受了"世界名著"的荣誉，而编者也受了"英国人中头脑最新鲜明了"的称赞呢？由此可以知道我的《性史》第一集所以受人攻击者，或者不由于内容，而乃由于下头所说的结果吧！

第一，国人程度不够，以为凡说及性交的必为淫书。

第二，有说《性史》不应做单行本出版者。我先前也曾想印成为"私家本子"即 private printing，仅以供给那班成年人及学者的研究，不是付诸公开售卖的。但假如这样做去，究竟能保这样本子不流入于文氓书丐之手，而使之不去翻印公开售卖么？故在这样下流的社会，无论如何防范与如何好法子，终竟不免生出流弊来。故我一面承认出版的手续有些错误，但人也当去责备这样恶劣社会吧。

第三，有些人则极宽恕《性史》第一集，不过他说后来各种《性史》的滥淫，张某不能辞其咎云云。这层使我更大不平。彼辈一班淫氓模仿《性史》第一集而出了许多性史及性艺，这是彼辈应当负责的，与我个人有什么相干？《性史》是性史不是淫史，因为它的内容包涵有上头所说的四个意义。但后来那班模仿者则只知闭门杜撰，全凭个人的私见，又专用艳句淫法以鼓惑人。他们既不是如《性史》第一集由各个人的事实所写出，当然不能为信史，自然没有性学论料的价值；说及两性相与的艺术又见缺乏；于性道德的救济更谈不到；况其中情感毫无，而只知注重性交的描写；因此他们所作的性史，及性艺等当然是淫书不是性书了。此种流弊，当然为我意料所不及，但我也无力量去救正，唯靠社会去裁制而已。我前已说过：在这个恶劣社会，与这样不良的人种中任什么善法也无好结果的。如你主张恋爱吗？就有一班人假借它为吊膀子的作用。如你提倡裸体艺术吗？别人就利用去宣传春宫图。彼辈淫棍模仿我的《性史》而大造他们的淫书者，也是事所必至理有固然了。

我所以说及此层，本非有意与那班假借性史名义而造淫书者争生意。自我得知《性史》第一集出后，模仿之众，流弊之多，我即声明将《性史》第一集毁版。其后又请律师代我登报声明此集已经毁版并说明《性史》别集有假冒我名者，也唯他们作者自己负责，我对《性史》的责任到此已算完尽了。但在此处使我仍哓哓致辩者，在使世人知道性书与淫书的不同，并望今后作性书与淫书者有所适从，与盼望有权力者对于性书当提倡与淫书当禁止而已，凡此诸问题又为我在下文所要详尽付诸讨论的。

在此处应当声明是：一班人不知我者以为编辑《性史》与研究性

学之人,必定对于性事放纵无忌惮,以是有对我个人行为而下攻击者。本来提倡一件学问与其个人的行为可以不相干涉。如提倡美术者,其人的面孔未必是美丽。反对帝国主义者,其人不定是无产阶级。就我本人说,我为人虽极浪漫,但行为极是拘谨,对于性事更是拘谨之至。我性欲虽强,但当有伴侣时,每月尚只行性交一二次,当其无伴侣时,我能若干岁月不行性交而移其体力为精神的升华。娼妓素所痛恶,变态的性交尤所嫉恨。凡我所孜孜致力研究者,在求男女的情感如何达到融洽,性交达到美满,与其后裔达到优善而已。我全为人类而筹谋,不是为我个人的计算。就事实来说,我是学哲学之人,我可以说是哲学家,故我以哲学眼光讨论性学,而以哲学家的行为为我立身的标准,凡知我者皆能证明我言之不谬,至于不知我者,更望有能深知我之一日!

在这样不学无术的中国社会里又被了数千年的礼教所戕贼到一点天然活泼气不存在的人心中,自然不能和他们分别得清楚了性书与淫书的界限。这本是一个极精细的问题,若和那班胸有成见的人说,更是无法子能够解释得清楚的。但这个问题关系太大了,及今不去解决,恐此后误会与贻害愈多,故我在此来试行一解决吧!

头一问题:专门描写性交者为淫书——以生理、心理、病理,及社会学理为根底而描写性交者为性书。

就事实举例吧。《肉蒲团》《灯草和尚》为淫书。因为这二本书除开说了性交外,毫无别种学问可得。但霭理斯《性心理》中的《性弛放的机能》(或名为性交的机能)则为性书。(此书已被我们译出——由美的书店出版可以参考。)此书第一章,先写外阴、内阴、阴核、处女膜,及阳具、阴具等项在生理、心理及社会的作用,这明明是性书,而断断不是淫书了。例如说:"亚拉伯人[1]的阳具细而长(比欧人长三分之一),龟头作棒形,举时略变。他们所穿衣服极宽,年幼

---

[1] 今译阿拉伯人。

的亚拉伯人,常用手弄它助其发育。"这不能因其说及阳具的描写与弄阴的情状而说为诲淫。这不过从亚拉伯人生理上的性具与其风俗上的事实实写出来而已。又如说:"欧洲有些妇女的阴户也偏向后方,交媾时若不将垫子垫在臀部,按照寻常方法进行未免使妇女受着痛苦。又妇女阴户口若太生在前方,因它太接近前方骨盘的缘故,交媾虽易进行,但当女子性欲狂至最高点时,阴户起了收缩,而使阳具触及骨盘,给了男子许多痛苦。"这一段也不能算为淫书因其以生理学为根据也。

此书的第二章,则论及各种水与各种交媾姿势,和论及射精与丢水时的状态。这些皆极易使人误会为淫书,尤其是放在中国人的面前。但一按事实,这些皆以生理及社会风俗为根据,故只能称为性书不能说为淫书。

我曾与一法国警官辩驳在下头那一段不是诲淫,乃是描写各种社会风俗。彼一经我解释之后,也极赞成我的意见而不致与印刷人为难,由此可知性书与淫书的难于分别了。彼法人,对于性问题乃算最解放的民族,而尚不能随时分别淫与性的所在,又何怪中国人的一见"性交"二字就大惊小怪以为猥亵了。

我现将此段事实摘录于下:

> 妇女仰卧的前交方法,为世界各国所通行者,可以说是人类正式的交媾法。交媾的方法本来甚多。如苏海立人,男子是在下仰卧而女子在上的。龙果人则用侧交法,昆斯伦特人是男子坐于足跟上,使女子的大腿钩住男子的横腹,男子以两手抬起女子仰卧股部。……男下女上的交媾法,当然是最普通的变法。罗马人常用此法。亚维特将此法介绍给少妇;并且说:如"男子太高大,女子太弱少,此法更为需要。"亚立司多芬指出希腊的讽刺诗云:"妇人好身手,善骑伟大夫。"从腐败的观念说,这种形式似乎太重视妇女未免不合。回教人说:"妇天夫地,可恶之

至。"……最有趣者，尚有人采用兽类流行的交媾法。宝贝地方人常有妇女身向前拉而使男子由后插入者。这种形式，昔时盛行于意大利南部。但时至今日进化逊一筹的民族，阴户的位置较后，仍常采用此法。例如：苏丹人，爱史基摩人与刚乃史人，盛行后交法。福来谓纽卡而同宁人，范尼以谓拍奔人，都是习用兽交格式的。澳洲人也有同样的习惯。欧洲的南斯拉夫人亦效兽交的方法。……这种方法罗克全脱曾经介绍过，依琴脱曾经劝告过以为最过受孕的。（即用此法能使妇人阴核发热而出第三种水，所以易于受孕。——译者）一般妇人也似极赞成此法。爱氏以为这种性交，使女子器官，比较前交式的为和洽。……

我在此结论上，也如作者的意思说："各地人民常因国情与习惯不同，于是有种种交媾的变态。上面所说的各种姿势，应当视为寻常范围中所应有的姿态，不能板着面孔，乱斥他们为伤风败俗。"

综观霭理斯《性心理》，最易使人误会者为《性弛放的机能》，而此书中当然以上所摘录的为最易受人指摘，可是我们以生理及社会学眼光看去断然不能视它为淫书。明白以科学为根据而描写性交者为性书不是淫书的道理，则我们在上头所出的第一问题可以解决了。今进而言

第二问题：注重性交的质者为性书——而注重其量者为淫书。

凡说及性交不定是淫书。反之，正因言及性交，才成为性书，这层道理，我们在导言中也已说及了。《金瓶梅》何以是淫书？因其写西门庆与潘金莲，每日每夜所孜孜汲汲者在求性交的次数愈多愈好，以致终竟西门庆闹到脱阳死去了。拙著的《美的性欲》即《第三种水与……》一书何以不是淫书？因为此书，所讲的性交，全然注重质的方法即性交的次数不求其多，而且以愈少愈妙。我曾说青年男女每星期仅交媾一二次就够了。这样当然不能算为淫，因淫是指滥用之意，一星期中壮年男女仅有一二次性交当然不是滥用了。故交媾次数愈少

愈妙，但每次交媾时，则当出其全副精神。一以延长其极久的时间，而使女子能出第三种水为止境；一以得到自己极大的快乐（参看拙著《性部与丹田呼吸》）。如此不但男女得到肉体上的愉快，而且精神上也得到满足，其所成就的胎孩也希望有得到优生淑种的结果。这就是从交媾质一方面着力。故交媾愈快乐时，愈不算淫，因为做一事能称其职，就不是淫；淫字的别解，正因做一事胡里胡涂，没精打彩，马马虎虎也。由此连带可以解决下头问题即

第三问题： 凡描写正当的性交（常态的）者是性书——而写其不正当一方面者为淫书。

什么是正当的性交？即一对男女方当交媾之年，而行上条所说的质的交媾法。而所谓不正当的性交者，如男和男、女和女，或与禽兽交等。但在此项上也应分别者如书中所讨论的同性爱与变态的性交乃以学理及事实为主，则也不能说为淫书，此项解释乃与第一条的定义相吻合的。例如霭理斯《性心理》的《恋爱与痛苦》《同性爱研究》《男子同性爱》《女子同性爱》《自动的色情》等书为性书但断不是淫书的。

到此有一附属的问题者，即

第四问题： 凡以情爱为重而间涉及性交者为性书或为"情书"——凡不以情爱结合的性交者为淫书。

举例以自明，则有如《西厢》前时曾被禁为淫书者，今稍明白的人，只能说它为情书，或为性书，即人性的书也。它虽有一二句淫亵话，如在"拷艳"上说："一个恣情的不休，一个哑声儿厮耨。"但不能以此说这篇文字是诲淫。至于在"酬简"一篇中虽然是性交文字，但写出来，完全是情文相生的字句，故我们觉得是情书，是美文，但断不是猥亵的语气。你不信？我就摘些出来助证。

> 软玉温香抱满怀，呀！刘阮到天台！春至人间花弄色。柳腰款摆，花心轻折，露滴牡丹开。蘸着些儿麻上来，鱼水得和谐！

嫩蕊娇香蝶恣采。你半推半就，我又惊又爱，檀口揾香腮。……

你看了这些后，说它是诲淫，那你就是三家村的头脑冬烘先生，我们也可不必与你计较了。

再将《红楼梦》来说，前时也是被禁为淫书的，但我们看"天下最淫之人"的贾宝玉的性行为，虽有些越乎常规，如少小年纪就与可卿偷试云雨情之举。但我们觉得它是人情。一部洋洋的大书，又是写情爱的书，一二处写及些性欲，况且是烘云托月的写法，安可就抹煞全书为淫书呢？说到此，不免使我生起了无穷的感慨：国人大都的性交全为肉欲的满足，而毫无情爱的作用，这才是"天下至淫之人也"。这正要一些讲究情爱的性书去救治他们呵。

由上四项为标准去定了哪本是性书与哪本是淫书原极易易了。凡以科学为根底而所描写的，又是注重质的、正当的、有情爱的性交者，则为性书。反之，凡不以科学为根据，即由作者去胡诌，而所胡诌者又是注重在性交的量上，与性交的变态，及无情爱的性交者则为淫书。

上段既然交代好了；今再谈及我与"美的书店"的提倡与攻击者的意见，作为一种事实上的讨论吧。

《性史》第一集我已在昔声明毁版。美的书店开幕后，更坚决地不再印卖一本，这可由千万到此店要买此本《性史》而不能得的人去证明了。我们虽然不以此集为淫书，但在一个社会上有一个社会的历史，既然一部分有势力者说它是淫书（以官厅为主说），我们也只好毁版，"好百姓"当然莫如我辈了——难道要迫住我们未曾得到官厅同意之前而放弃一切言论的自由权耶？我们既然愿作"好百姓"，社会的人当然不好太过苛求我们了。

再来说我们截到此时止的《新文化》共六册吧，其内容皆以学理为主。内有《性育通讯》栏最易引起误会者，其实也不过将性行为的事实互相讨论而已。但因有别种原因使第三、第四期的《新文化》触犯了上海临时法院梁推事的怒。他说这二期"虽然不是故意诲淫，但上海许多小报及淫书是受他的影响，故张某不能辞其咎"云云，遂被罚款而停售了。

因为城门失火，火光熊熊，我们在池囚的小鱼也连带烧得骨焦皮烂，也只好无法将《新文化》第三、第四期在大英租界发卖了。

这是《新文化》诲淫的罪案，但定罪者也极客气，说他不过是连累及（不是故意）罢了。

其第三事实，乃在我们将世界名著的霭理斯所作的《性心理》摘要译出。现已译有廿余本，大概到三十本就完了，其原文有恐被中国人误会作"淫书"者概行割爱，最要的为全份《性史》皆不敢译。我们这样"好百姓"也算对得住人了。我们被火烧过后的池鱼胆子真小，连中华国民的言论自由权全行放弃，故曾恳临时法院将这部丛书译好后先送审查然后印售。他们法院推事说"这些事我们管不着"。我们现将送交最高的教育机关去审查了。我们胆虽小但气极壮，我们忍不住那些人的诬蔑而要为性书出气，看它能否在中华民国之土内站得住？看它能否使中华国民明白它与淫书不同处之所在？可是，这些气力未免有些白用！我们看下头住在上海大《新闻报》记者严独鹤君的高论，而使我们灰心到万分了。他那篇《打倒模特儿》做得太好了，我们不得不先介绍出来然后加之批评。

打倒模特儿
独鹤

在大家眼中欣赏着赤裸裸，大家口中提倡着赤裸裸，大家心中爱慕着赤裸裸的当儿，似乎裸体模特儿，可以到处受人欢迎，到处大出风头了。却不料广州人士，却转不以模特儿为然，要打倒模特儿。广州当局，也深以模特儿有伤风化，就批准了一般人的请求，严禁模特儿。这倒也是很值得人注意的一件趣事。

在自命为脑筋簇新的人物，听见禁止模特儿的消息，一定会大摇其头，说是思想陈旧，或者认为违反潮流。其实也不必谈什么新旧，也不必讲什么潮流，只要平心而论。试问如今描写模特儿画稿、印刷模特儿写真、出卖模特儿照片的这许多特别艺术家，是否真是专从艺术上着想，没有丝毫诲淫图利的心理。我不敢说提倡曲线美的，并不是正当艺术，然而真正在艺术上着想的，只怕总是少数罢。

总之，我很佩服如今的人，到底越过越聪明。以前的人，只知道偷偷掩掩的卖春意图，被人捉住了，还自认为不名誉，这是何等怯懦，何等愚蠢。如今很公开地提倡裸体模特儿，却说是促进艺术化，以头等美术家自命，岂非漂亮之至。以前的人，只知道偷偷掩掩的著淫书，被人捉住了，还自认为不道德，这又是何等怯懦，何等愚蠢。如今很热烈地发卖兽欲书，还说是提倡性教育，以新文化健将自命，岂非更是漂亮之至。

十六，十一，十六号

在这文上，我们可以看出中华民国人的程度，到何地步。模特儿应当提倡，乃凡稍具有些新智识所同认，今据严君所说广州一班人与当局竟行反对禁止了（其事实如何，我因未看见粤报不敢断定），而更给了他每日卖十万份大报的新闻记者出了一肚臭气，说什么"没有丝毫诲淫图利的心理么？"不错，模特儿确有这样弊害，但因这样弊害，就说模特儿不应提倡吗？就看把他禁止认为正当吗？因提倡模特儿而不免使一些人有借此兜售春宫图的流弊，而遂带及将具有艺术的裸体画一概禁止并且对它毁谤污蔑，这好像是因有些人用"鸟"去强奸，就主张将全人类的"鸟"非割掉不可一样的昏乱了。至于他说什么"……发卖兽欲书，还说是提倡性教育以新文化健将自命"——当然是暗指我们了，这个批评一边与上文同犯一样的昏乱。一面，则全不知性书与淫书的分别。而第三者则完全含有恶意对待我们了。我们现在要答的：美的书店所发售的性书，乃为千万人所共睹，究竟是淫书或是性书？究竟是发卖"兽欲书"，还是提倡"性教育"，皆有书籍事实作根据，这些皆不能全靠他或我们的私言所可一手掩尽天下的耳目呵。又新闻报的反动守旧，至于有一次我们要招"具有性学的兴趣"的四位编辑的广告而被见拒。他们说：因为有"性学"二字在内所以不肯登，这可见他们的昏乱到何地步了。"性学"二字有何罪恶？怒得我们将请律师起诉，后以与这班无聊赖的人打官司实在不值得，又闻他们另有别种动机，更使我们不屑与之计较了。

我们看这层后，也可以知道国人在中华民国十六年为记者程度到什么地步了。本来这样的报馆主笔我们固然可不必去深求。他们每日所登的不是荡妇伤重身死，便是翁媳通奸；不是轧姘头，便是寻奸夫。但他们对于我们性书，偏要别具心肠仇视如此！最可笑是他们在《新闻报》上登了几次因为看性书而害病的新闻。他们以为如此最可证出性书是淫书了。他们不知未有性书之前，是否有人犯了性欲病否？如其有之，则性书也可不负责了。他们又不知看过性书后多少人得到"康健病"否？如其有之，性书也可说是有功劳于世了。

总之，凡对什么事皆可批评，但误会则可恕，而含有恶意则断不可容。我恨一班人有恶意的批评如严独鹤、梁实秋等均不从性书的利害着想，而唯以对人泄愤发脾气为事，这些人在上海言论界确实不少，周建人辈亦其例也。

以下一些批评恐是误会，但亦当声辩者如胡汉民先生在《中央》半月刊第四期有这样话：

"就中有个所谓张竞生的，竟放着多少事情不去做，却穷年累月去研究这个与有生以俱来的旧题目，而一般人倒以为新奇。这种又幼稚而又思想落后的性狂家，却更远在别具肺肠的□□□之下了。"

我说胡先生大半是出于误会。或者他不知我是什么人，与有什么书，不过只听人说说罢了。第一他误会我"穷年累月去研究这个与有生以俱来的旧题目"（性问题），实在太冤枉我了。我何曾单独研究这个性问题？我是学孔德派的哲学家，即一切科学皆应当研究的。我曾夜露宿长城之上看星辰的光耀而意于学天文者矣。我曾研究过几年的数学、物理、化学。生物学的大纲也曾下过一番心思。社会学更使我留意过的。我曾出了一部《普遍的逻辑》，而使许多人不会领略。我曾出了《行为论》，即伦理学，但未免被人讥为太新鲜。在未编行《性史》第一集前，我出的《美的人生观》已极大通行，不一年而重版至五次了。我又出了《美的社会组织法》也极受人的欢迎。我不敢以此自夸，不过要使胡先生知我不单单"穷年累月"研究这个性问题而已。究竟，"穷年累月"去研究这个问题也值得的。胡先生也知道性的问题乃是与"有生以俱来的旧题目"了。他又知道"食色性也"的"儒家一语破的"的大道理了。为因是这个性的"有生以俱来的旧题目"而又是自古到今不能解决的旧题目，所以正需一班人"穷年累月"真心去研究了。假如我能够"穷年累月"去研究，也极光荣的一事，可惜我是孔德派的哲学家，实不奈烦去做这样细腻的功夫了。老实说，我注意性学不过是近二三年事，而我想再用心一二年后，就不谈性学了，就移我心思去治文学、美学、科学、社会学、哲学了。如我计划不失败，我将于主编性育丛书之后，继续出了文学、美学，各种科学、社会学、哲学各部丛书。今文学丛书已出了些书了，这个请胡先生买些去读吧。若说我"放着许多事情不去做"，我不过不愿去做政客官僚吧了，究竟我这样拼命作书，还说不是做事情吗？若说我是"又幼稚而又思想落后的性狂家"，这样话说得太重，我实在受不起了。想胡先生作此文时，因为骂共产党骂得太昏了，遂昏乱地也把我夹带起来大骂一顿；这样恶毒之话，我只好以不辩作为辩的了！

与胡先生同样误会我者尚不少人。有说我单是提倡"性交主义"的，殊不知我所讲的不只性交，一切性问题皆在讨论之列。当然性交为性学的骨髓不得不讲及的，但因我们对此层讲得太好，遂引起人大注意，而使人误会我们专讲性交了。其实，我们讲的有关于性的基本原理者如"性冲动的分析""女性冲突""性期的现象""害羞的进化"等。有关于性的机能者如"热爱的象征""性弛放的机能""妊娠中的心理状态"。有关于性的选择者，如"视觉触觉嗅觉等与性美的关系"。有关于社会问题者，如"结婚研究""爱底艺术方法""科学的生育""妓女的性生活""裸体与性教育""打倒花柳病""避孕法"等等，皆为我们所竭力讨论者，我们岂只以性交一项为满足么？（这些书已由美的书店出版了。）

又有一班人的攻击，其中误会与恶意俱有，如下头不知有无其人而叫做何武的匿名信可为代表者：

"前函谅已得阅。现闻张竞生见共产党失败，自称为无政府党领袖，专门与一班坏学生金钟华、彭兆良、芳尘等二十九人组织机关，化名为新文化，做淫书《性史》性报淫小说。他宣言打倒旧道德，无政府万万岁。他现派多数坏学生至各省男女学校宣传淫学，并送淫书多种与男女生研究淫学。该美的书店即总机关日夜编辑淫书裸体美术，无政府以淫杀人，倾家荡产，比共产政策尤毒，务请市长查明严办，贩卖淫书一律充公，格杀勿论。"

这封疯人似的函，闻说寄给上海市政厅长的，而厅长更听这样疯话命公安局注意了。"格杀勿论"四字来得凶猛！"无政府以淫杀人"这等见解何等愚蠢！他知以淫书诬我者，极难得到一班开通人的同情，遂而用起政治的罪名来陷害我了。"共产党""无政府党领袖"，乱把高帽子给我戴，可怜他丝毫不知道我的来历！廿九人的结合，派多数学生到各省去宣传，声势何等煊赫！可怜他何武连自己的住址姓名也不敢写明呵！

我们受了社会一班侮辱、污蔑、威吓，极够了。历史告诉我们：最后的胜利终属我们的。彼一班投机家、老腐败者、下等流氓，皆不能阻止这个性的潮流在中国的澎湃鼓动。看吧！作劳心拙，到头也只觉得白费心机罢了。还不如静心平气来讨论真理吧。

性学必从此渐向光明的途径去发展，可无疑义，有某记者说廿世纪为"性之启示时代"。他申说："盖昔所视为秘密为秽泄为不登大雅之堂者，今则文学家写叙之，心理学家研究之，思想家讨论之，不然，霭理斯何以为文坛之健将，佛洛意[1]何以视若与达尔文同列，卡本脱[2]何以为青年所宗仰，皆以其对于性论，言人所不敢言耳。世界潮流之澎湃如此，吾国人乃欲默守故常不为更张之计得乎。"这个记者不是主张性育之人，而且对于性育有些暗讽密弹，乃能说出这些话来，更觉性学的不可轻侮了。

故今日最紧要的问题，在提倡性学，这是积极的工作。至于淫书或用救急办法去减少其宣传的毒量，但能将性书尽力提倡，则淫书不禁自禁，它缓缓终要归于消灭的。

我曾读了张君谋[3]先生向国民政府教育行政委员会的提议。他主张通令各省市组织戏剧审查会及书报审查会，立意未尝不对。但实行上的窒碍甚多。官办机关流弊滋多，假令守正奉公，也未免剥夺人民言论自由之权太甚。他虽说到聘请社会教育专家担任审查，"务期克达真善美之理想"。实则也不过"理想"耳！社会教育专家是谁？尤其是审查性书一类的书籍，更难得到一班真正的学者能够负审查的责任。例如周建人、周作人辈，已算今日鼎鼎大名了，但他们仅知女子卵巢排卵是有定期的，而不知这是随时可能的事情。若有人不依就他们说，就不免被诬为非科学了（说见拙著《第三种水》），他们又不知道"丹田"在何处，若有人说及"丹田"的作用，他们就破口大骂为提倡道士思想了（说详拙著《性部与丹田呼吸》）。故一班"学者"，愈有偏急顽固的牛性，愈不能辨别性书与淫书之所在呢！我恐由官厅去审查，愈见其纠纷，愈使人民思想不得自由，其弊必至以官厅的意旨为依归了。

我的意见：以为官厅只好好去管理行政尽够了。若使他们干涉及

---

[1] 今译弗洛伊德。
[2] 今译卡彭特（E. Carpenter），英国学者，《爱的成年》（*Love's Coming of Age*）一书的作者，1930年该书由郭昭熙翻译，上海大江书铺出版。
[3] 张乃燕（1894—1958），字君谋，化学博士，曾任北京大学教授，上海光华大学教授，1927年任江苏省政府委员兼教育厅厅长，11月兼任国立中央大学校长。

学术与思想，恐总不免生出许多毛病来。若万不得已时，也应由每种学问之人去管理自己的事情。如以性学家说，应由性学家自己去干涉。遇有非用政治势力不可时，才去借助于官厅。但干涉、禁止等等，皆不过一种消极的方法，究之于事实上极少效力。例如禁止淫书，为自来的政令，但淫书不以禁止而绝迹。《金瓶梅》等的销路，并不以其禁书而减少。凡因禁止而消灭的淫书，必其本身不能存在，如此则又不待于禁而它自然也必归于消灭了。

我人鉴于历史的教训，以为对于淫书的态度，当一反前此压抑与秘密的政策，而在利用性学树其本，与听其公开以清其流。故政府与其去禁止淫书，则不如去提倡性学较有功效。提倡性学，则淫书不禁自止了。总有一些淫书存在，社会也不过以奇书目之而已。究之，提倡性学，其利益岂止于使人不为淫书所误蔽？并且能使身体及精神与优种上俱有莫大的利益。我意如有好政府，则一面当奖励性学之士使其不为世人所侮蔑。而一面则于小学、中学、大学，均须添设一门"性学"，并请性学家编辑各种性的教科书。其在社会上，则当有种种性智识的宣传。

性的作用甚大，这是身体自然上的一种动力。如能善用与利导，则可使其精力变为学术及种种精神的升华。故对于性的作用不厌求详务尽其力去研究，它是关系于人种的优劣及学术的兴亡。性的冲动也不可怕。因其能冲动，所以身体能生出一种力量来。故与其全无"性"，反不如任性去乱行冲动。但是，能使性好好去冲动，当然更为最妙的方法。怎样使性冲动？又怎样使性好好去冲动？这个一边全靠性学者去讨论，一边又靠社会势力者好好地去听性学者的指导就行了。

但无论从学校上或社会上去提倡性教育，应当拿定了二个大纲：即一在使普通人得以适当地使用其性欲而不至于乱用。一在使优秀分子得于性欲善用之后，胜其精力以为精神、道德、情感及学术的升华。我在三年前（即未编《性史》之前）在《美的人生观》《美的社会组织法》二书上已说明好些了。但要达到这个性的好目的，一方面当然要提倡性书，一方面更当从"性育实施"上做功夫。

怎样编辑好的性书？这不是全靠市侩文氓所能成事，也不是由官厅所能包办。最要是由公家之力聘请一班富于性学者分门纂辑。自小学起，以至中学大学均有极适当的性教科书。其程度当然随年龄而异：如在小学期，则以花木草卉的生长，及花粉的传种与结实的功能，从极美术的画图，与极科学的事实，和极艺术的描写入手，使小学生晓然通畅于性的问题，乃为至普遍、最自然，与极美丽的事情。及到中学，则应教以禽兽、鱼虫，对于生殖与其性事的作用。待到大学，则应论及性欲与社会组织上的关系及文化的升华。最妙的性教育，在使学者于其中得到自然的奇境，与植物学、动物学的旨趣，尤其要的在指点出社会的现象，如文化、学术、卫生、经济、政治的所由成，在在与性的发展有相关。这是从性学理论上着力，以便人人得到性的常识，免至由愚昧而陷入于罪恶。

可是所望于执有社会教育者不但在性书的理论上着意，并望从性育实施上去组织。在家庭，在学校，在社会，皆当有性育的练习与准备。就家庭说，应当禁止父母与子女同房睡，至少也当分开床睡。在学校——尤以中学生正在春情发动之时，应由学校特别注意将性力发展为体力及精神的作用。故一切体育极当注重。这当然不只是每星期二三次体操的体育，乃每日有一二点钟作校外兴趣的操练。当夏春假时，各校应组成一块，一同到海边或山间过那充分兴趣而有益于身体及精神的生活，断不可于此时使一班学生归家或在城市无事胡闹。说及社会的组织更为广泛与重要，如妓院的组织（当然在未废妓制前）、游乐的处所，以及性病院的设置，使凡可预防少年不堕落者则当事前为之筹谋。或已堕落者，也当有救拯的方法以免一行失足之人而就变成没有自新之地。

以上所说，当然就其大端而言之，其详细处则有待于专书了。总之，凡为政者应当从性书及性育实施着意才是正办。区区从防淫一方面入手，乃至下策而不能收多大功效的。

总而言之，性的重要不在其本身，而在其所生的效果。方今国人对于性欲有二种不好的现象：一班普通人类多不能得到性的满足，而一班优秀分子或有钱人则太行滥淫。其结果则普通民众缺乏情爱的原素，以致极少有同情心与团结力。其优秀分子与有钱者则滥费精力，致不能留有用的精神为别种高等事业的经营。今后的性教育则注重在使一般普通人皆能得到性的满足。而尤使一般特别人能够剩留精力为文化事业的升华。一个外国教育家而又熟知我国教育情况者——卫仲博士与我们同样意见说：今后中国教育最要点就在以"情爱"为根本，因为中国人今日太缺乏情爱这件要素了。例如中国人何以缺少同情心？何以无爱国观念？怎样教习不好好教书？为什么家人不和穆？夫妻无情义？又为什么举目所见的皆是一班不情？假面孔？奸诈阴险之人？这些皆因无"情爱"之所致。但何以没有情爱？则因没有性欲为根底。简括说：情爱是性欲的升华，性欲为情爱的原素。故要救治这个缺乏情爱的国民，根本问题应当从性育入手，这又是为今日一般教育家所不知道的一件事情呵。

由此言之，性育的重要，一在给予一般人的普通智识，以免为非作歹；一在引导一般优秀分子保留精力得以从事于文化学术的努力；第三，则在使一切人皆因性在"底层工作"的效用，而得皆成为情感亲爱之人。主持社会教育之责者应当着力这三层积极的工作。这些如能做到，则淫书邪说当然不能乘隙而入，否则，日日以防御淫书为事，充其成功也不过造成一个道学派的社会而已。但我敢说与其道学派的绝欲，则不如浪漫派的纵欲。因为绝欲的生机全失，纵欲者虽不免流于狂，但终望有复归于正的可能。若就我个人说，虽不敢承当一班人的夸奖为中国今日提倡性学的第一人，但也不致如胡汉民先生所诬赖为纵欲的祸首。我的性学容或幼稚，但我本心则要引导性欲入于正轨，变为升华，及化成情爱的效果的希望则未敢一日或忘。我所望于执有社会势力者在同来帮助这个计划的成功，否则也勿误听谗言横来摧残这个总在发育的种子，以自甘为新文化的敌人。

论"淫书"[1]

不幸得很,近半月来我这耳朵里充满着间接或直接的"淫书"底声浪,有时我高兴了,还问问:"甚么是淫书啊?"

日子久了,所获的答案却也不少:《情书一束》[2]是淫书,《性史》是淫书,《结婚的爱》是淫书……忘记了,不写了罢。

从这些举例看起来,似乎他们还没有明白"淫"字的意义罢?不然,就不会如此瞎说。

今夫"淫"也者,是指凡事过度而无节制底意思,原来也并不是专指男女两性之间的色欲和性欲。所以,庄子说"乱五声,淫六律",刘向《说苑·反质篇》说"好乐声色者,淫也",是声音可说为淫了。《说文解字》说"久雨为淫",是雨也可以说为淫了。引申之,凡过于迷恋女色的亦曰"淫",《左传·成公二年》记申公巫臣之言曰:"贪色为淫,淫为大罪。"然而圣人却说:《国风》好色而不淫",这更可以证明"好色"也绝对不能斥之曰"淫"!

现在,世俗既然把"淫"字用作了人类男女肉欲上的形容字(禽兽的肉欲不算),而且也成了专名,于是乎"淫"字便占据在男女"两性生活"之上而成了罪过,遂不能复晓其本义,此为不出"淫"与"不淫"之别者矣!

---

[1] 本文原刊1927年2月《新文化》第1卷第2期。
[2] 《情书一束》,衣萍著,1925年北新书局出版。短篇小说集,内容由情书构成,是其生活中恋爱的产物。衣萍,即章衣萍(1902—1946),安徽绩溪人,现代作家和翻译家。

我们承认这"淫"是两性间一种"过度"底性欲生活，确实不是得真正的人底生活，但绝不能说男女两性间底肉欲即是"淫"！

《金瓶梅》我们不能不说它是淫书了，因为它书中所描写的潘金莲、李瓶儿、春梅、西门庆等人的性欲生活是兽性的生活，是没有节制底过度性欲生活是非人底生活。因为她们和他每天每夜除吃饭以外都是在想方设计的要求如何才能满足那"兽欲"，其余的人间一切事情便一点也不去作。老实说，她们同他连吃饭也不是"人的吃饭"，那酒肉的竞逐正和肉体竞逐一样。所以，它是配得上称为淫书的。

然而这淫书的产出与否是由于作者的态度如何：作者以非人生活的，兽性态度去处理书中人物的行径，其结果便产生了所谓"淫书"。如作者真的了解了"人生"，知道人生除衣食住外还有比较更重要的事情——性欲在，那吗，他所产生出来的著作一定不会是淫书了。

以《上海销金窟》《海上繁华梦》《九尾龟》《肉蒲团》《灯草和尚》等书与王实甫的《西厢记》相比较，立即可以辨出该作者对于人生所持的态度和其是"淫书"或"非淫书"的判断出来。（因为《西厢记》历来是被人们误认为淫书的，所以我这里把它拿来比较起说。）

《情书一束》《性史》《结婚的爱》三书却并不是在宣淫，并不是在奖励淫行为。《情书一束》是描写那有一等青年男女所抱的人生观是那样的一种态度，《性史》在讲求要用怎样的艺术方法来完成人类底性交的欲求，《结婚的爱》是要使人类用极精美而且适当底科学方法去处理他们的交媾和节欲。它们三个所共通的一点是要人们了解这两足动物底真实生活和改良人类。不特不是"海淫"，而且还教人"节欲"，教人怎样的去"节欲"。

张竞生先生亟怕人们误会了此一点，所以他在《性史》的序上特别提出来说："岂有淫书，主张少年男女每星期仅交媾一次就够了？"

因此，描写性欲的书不必就是"淫书"，要看作者的态度究竟如何？实行性交的人不必就是淫人，还要踪迹他们和她们对于性底行为究竟是否艺术，是否适当。

这作者对于其作品所持的态度便是文学上底艺术，行性交的人对于其交媾所施行的种种方法便是性欲底艺术。

惜乎懂得真的人生的意义而用文艺写出来的作物太少了，有好些作物，不特是不了解人生的意义，而且也实在不是文艺。所以，说到作者的态度么，他根本上就没有。

但同时也不能不分罪于读者了，有好些很有价值的作品，都被了他们的误会或恶意底诬蔑。严格点说：文艺的赏鉴者即是文艺的创作者，以故这能真正赏鉴文艺的人也确实是很不容易的。

凡是文艺的作品都是多方面的，四面八方里里外外都得通通看到，若仅见到表面的淫字而便妄下评判，这未免浅薄而无聊赖罢。

所以，真正的文艺是在于有好的创作者和好的鉴赏者。

复次：一般人对于"淫书"的误会，尚有其浅薄的根源：

因为语体文的作物比较文言的要易于懂得的缘故，所以一般妄人看了他们说到男女之事的便群相惊诧以为"淫书"。《左传》中记载男女相通的事岂少也哉？然而人们不说它是淫书。《周礼·春官》说"仲春之月，奔者不禁"，女子在这些时候可以任意找男子行性交！《诗经·齐风·鸡鸣》叙述男女睡眠之狎暱，《陈风·株林》叙述陈灵公和夏姬的通奸……然而人们并不说它是淫书。此无他，古代的文言没有现在的白话容易了解故也，虽然是有所谓圣人也者作为它们的护符。

且夫"淫书"非不可阅也，端在赏鉴者之识见高下如何耳。以旧小说论《水浒传》《红楼》，非不佳也，然而一般的评论者却说它是"诲盗""诲淫"。《金瓶梅》《九尾龟》《肉蒲团》《灯草和尚》，非不淫也，然而我们正可由它而知道作者的生活和其所处的环境，与乎当时的一种社会现象，并能由此而认识作者底文学艺术。

且也，我们之所以要识《金瓶梅》《九尾龟》《肉蒲团》《灯草和尚》等书者，正是为要鉴识它的"淫"！它也正是因为描写了"淫"，所以才有它底特别价值。因为在那举世"板面孔"的时代，而作者竟敢于犯天下之"大不韪"，这才是作者的精神集中。我们正要赏识作者这种"大无畏"底态度和精神，他那不顾举世非难底精神。

人有恒言："大多数的意见是错误的。"仁者见仁，智者见智，文艺的本身原是不会说话的。

如果我以上所说的话不错，则赏鉴文艺的人岂不比创作文艺者更是重要了吗？

郑宾于

十五年十月十四，于福州协和大学

这一篇文章本来是我的"文艺琐谈"之一，所以颇多关于文艺的说话，今以其内容有些与《新文化》接近，故特抄付张竞生先生。（冰鱼附记）

所说指为那些书是淫书者，最出力的为天津南开大学校长张伯苓先生。我与此人有一段辩论趣史俟暇时录上一笑。（竞复）

第三种水与卵珠及生机的电和优生的关系

又名:"美的性欲"[1]

张竞生

（一）

第三种水重要的发明，不过是我一种游戏的成绩，其实有何大功劳可夸。不意一班忌刻人，就连这点成绩也不肯给我，这不免使我记忆起一件故事了。

当哥仑布发现美洲回到故国西班牙时，自有一班人赞誉但也有一班人不舒服。一日在燕晏中，主人盛称哥氏功劳后，有些贵族说这算什么件事，值得如许的赞扬，哥氏固是长者对此当然不屑与之计较。迨上鸡蛋时，哥氏快乐地问同席者谁能将鸡蛋竖立在盘上。整个未破的鸡蛋放下时当然是横躺，故任人如何摆弄，究竟无法能使它竖立。在此情景之下，众人不免承认对此种计划的失败了。哥氏于此众人失败之下，轻轻将蛋尖向盘一压，尖似破不破但好好地竖起来了。众人见此说这又算什么一回事！哥氏说这亦不算什么事，叵是此与发现美洲一样为众人所不能做的一回事！

---

[1] 本书主体部分原刊于1927年2月《新文化》第1卷第2期。后经出版成书，书末增加《附说》一篇。此篇《附说》原题为《又出了一个怪头》，原刊于1927年5月《新文化》第1卷第4期，是为了回应潘光旦1927年5月5日发表于《时事新报·学灯》的文章《〈新文化〉与假科学——驳张竞生》而作的。本卷成书时，张竞生将文章内容作了调整，将原来文章的开头部分（"我尝推测妇人……"至结尾）移到文末，并在其间插入《附说》一文。

实则，一切发明的事情皆当作如是观。发明家比众人不同处，仅比众人聪明一点而已。发现美洲与把蛋尖一压同样的无奇。譬如电的发明，岂能算为稀奇，自古来不是天然的电光随处发么？又如无线电的通讯更不算奇，我们日日与他人谈话不是皆用无线电通讯的道理么？

可是这些无奇之奇，确仗人们用窍，与善悟，而后才能发明。何处何时没有苹果坠地？但须待到牛顿而后由此发现宇宙稀奇的吸力。何处何时没有水蒸气的喷激？但假若无巴班及瓦特一班人，恐怕至今仍然得不到机器的动力。

就以第三种水说：这是何等普通的事情。它的普通无奇与说成年的男子能射精液的一样普通无奇。但它所以成为稀奇者，因为女子的出第三种水具有重大的意义与其特别的状态。

至于我对此层的贡献处：一在使女子怎样就能出第三种水，而一在使人知道出第三种水的种种意义，这已值得与哥氏的"卵压"的发明同垂于不朽了！

第三种水！第三种水！何处有第三种水？人们应当瘖寐以求之！套某先生名句有说这是洋鬼子 Batholin 的腺[1]，何必忙为第三种水？但我们不叫为 Batholin 腺而为第三种水者，因为 Batholin 腺乃生理的名词，而第三种水乃性学的专称，也可以说，Batholin 腺是静止的与自然的，而第三种水是活动与人为的。因为自然上给予女子二条 Batholin 腺但若不加入人力，则腺的作用甚微，最多仅为殖器全部分发热拥血而后才能射出第三种水，而后才能使卵珠受了这第三种水的影响而变动，请待我们在下边证明出第三种水与卵珠有种种的关系：

（1）第三种水出时：事实上已证明子宫内的液水也同时排出（名它为第四种水），就这种子宫液的化学性质说，乃属碱性，能调和阴道内的酸性，而使精虫易于生存。此外，就其动作上说，当子宫液排

---

[1] 即前庭大腺（greater vestibular gland），又名 Batholin's gland，简称巴氏腺，也叫巴多林腺。

出时,将子宫颈所积的液质压出,而使颈口通彻,以便精虫入子宫内。以上二事,凡治性学者皆认为有科学的事实了。但我们得此可以证明下头所说的皆有同样的事实根据,即

(2)女子能出第三种水者,在将出未出之前,子宫同时也极活动。平时子宫颇劲而死垂。当女子感觉性兴而要出第三种水时,则子宫拥血变劲,又如钟摆一样,不停地左右摆动,以期子宫口与龟头口相碰合。由此,其所连接的输卵管,与卵巢,同时也拥血发劲。若把子宫譬为钟,则输卵管可比悬钟之绳,而卵巢为绳头,未有钟动作而绳与绳头不动作者,亦未有钟颤动,而绳与绳头不颤动者,因其动作与颤动而自然生出热气来。我们由此可得下项的根据,即

(3)卵在卵巢的成熟,与其成熟后的生存于输卵管中,完全靠住热气。有热气而后卵才能成熟。有热气而后卵在输卵管始能得到较长久的生存。强壮的女子普通有三四万个以上的"格辣夫滤胞"[1],在卵巢内。这些滤胞内部每个都有成为卵珠可能性。故女子的排卵数目各各不同。有的,则每次排多数卵,而有的终其生不过排出几粒或数十粒,或完全无排出。这个当然视女子的卵巢热力多少而定。卵巢的热力大排卵自然多;热力少的,排卵自然少。故我们可以下了一个结论:

凡卵珠成熟的数目多少,和其成熟的速缓及生存期长短,与卵巢及输卵管的热力成正比例。而卵巢及输卵管的热力大小,又与性趣的大小即第三种水有无及多少为正比例。

第一,应说明者:卵珠在卵巢内既然全靠热力而成熟,那么凡热力足的则卵珠的成熟必快。因热力为催促卵的成熟的原因,可由各种事实来证明。此中最浅显的为孵卵的实验。用相当的热力,而到相当的日子,则所孵的卵必出。凡热力不够,或间断的,就不能不延缓孵

---

[1] 格辣夫滤胞,今译格拉夫卵泡(Graafian follicle),亦称囊状卵泡,指的是在哺乳动物卵巢中,原始卵泡发育成熟,卵泡内蓄积了卵泡液,卵泡膨大变成半透明的囊状体。因最初由荷兰医生、解剖学家格拉夫(R. de Graaf)所发现而得名。

出的时期了。今以妇人说，有好多人必要若干月或若干年才能成熟一次卵。普通女子则每四周有一次卵成熟。而有许多女子，其身体好而有机会排泄第三种水时，则卵成熟期的日子比四周期为短。尝见有女子于无交媾时，每次经水期为四周。而遇伊与人交媾而出第三种水时，则经水来期比通常的日期为短。（月经来期通常乃受排卵的影响。）又欧洲有些女子每月似有二回——一大一小的性潮；这个也可以证明多食而富于性兴的女子，其卵的成熟比平常的女子有较快的倾向。反之，北冰洋的女子，每每于冬季无月经，这个可以反证热力与卵珠成熟有关系。

第二，卵珠从卵巢排出后，而落到输卵管。此时卵珠能在此间生存时期的长短，全视直接的输卵管的热力及间接的体力而定。凡有相当的热力时，则卵珠受了环境热气的影响，显出格外有"生命力"，当然能长生存。否则，冷气袭入，则卵珠易于衰颓。

今由上头的说明而可知道：

卵珠的排出数目多少及其成熟期速缓与其生存期长短皆与卵巢及输卵管的热力有关系。而为此中的主动力者，一为各人平时的体热，而一为交媾时能否出第三种水。故如其人平时纵然身体不好，于第三种水来时，则影响于卵巢及输卵管能够生出相当的热力来，其卵子成熟与生存必收较好的成绩。若其人身体好，而又能合度地出第三种水，此项成绩当然较大。所以提要说来，第三种水与卵珠的关系有三项：

（甲）它能使卵巢及其滤胞有热力而由此能造成多而且速的熟卵。

（乙）它能使输卵管有热力，保存卵珠的生命较久。

（丙）它能使输卵管大颤动，而使卵珠活动与稍落下来迎接精虫。

由第三种水的排泄而能使卵巢及输卵管发生热力与颤动，这个可引下例为间接的证明。女子于射第三种水时，有如 Roubaud 所写的状态："其状如男子射精一样，血液流行甚速，脉搏甚强，静脉受筋所压而增加热力。最着力为脑充血而至于倏时的理智及感觉全失。两睛发电，视线模糊，厥状可怕。呼吸急促，有时断息，常常发出无意义的声音。四肢拘挛如铁条。牙床磨齿有声，似成狂疯。"你看这样自脑到脚……自眼到牙，各种动作皆有相当的表示，所谓卵巢及输卵管安能毫无动作吗？以下我们再取一个直接的例子：Vaschide 及 Vuspas 曾经试验一个二十五岁的妇人。平时此妇女的"血压"仅为六十五粍[1]。但当伊性动时，则升到一百五十甚且一百六十粍。这样的高率血压，可证其全身发热，不必说其直接的生殖机管如卵巢及输卵管等的热度升高了。

总之由第三种水的排泄：（1）因其促进卵巢热力的关系，而使滤胞易发生其卵珠；（2）而将成为卵珠者，能成为更强壮活动的卵珠；（3）因其全身筋肉，及子宫，与输卵管，和卵巢的动作，而使在卵巢已熟的卵珠易于发落到输卵管。故我前说第三种水能使新鲜的卵珠下来：这是说其卵珠未成熟者，因第三种水发泄后，而使卵珠快成熟，多成熟，好成熟，与成熟后多活动，快下来。即是说：卵珠不是必要一定的期限而后成熟。如妇人热力多的，可以多生与快生。热力少的，可以少生与缓生。又如输卵管多颤动的，则卵珠在此者就活动，与下降，反是，则呈死气与迟滞之状。这些解说到此可以不用骇疑了。因其所根据的乃在热学与机械学的效能，完全是有科学性的了。

（二）

在此应当续论者，乃在妇人出第三种水的情况之下，所成胎孩必较强壮。这个可用男女二方面来说明：

（甲）就女子平时说——凡能合度的排泄第三种水的妇人，其平时的身体必壮健，而精神必愉快（除有特别疾病及事故外）。因女子能出

---

[1] 粍即毫米，表示压力为 65 毫米汞柱。

第三种水，则性兴达到极度，而性欲已极满足。从生理上说，由这水的排泄，则周身如发电一样。而且能使男子同时发电与女子的互相调和。女子不但把积郁发出去，而且使肉体为电化。别方面，则因该水出时，其身内一切得到极好的运动。我在《美的人生观》上说过这是最好的"内运动法"。若从精神上说，则凡能出第三种水者，其身内一切"荷孟液"[1]流通必极便利，而质料必极丰富，以是而能使身体康健与精神焕发。由是肉体既康健了，精神又畅快了，当然较可得有优善卵珠的可能性。

若从其临时上说，当女子发泄第三种水时，其卵巢一面因热气的影响而从速制成新鲜的卵珠到输卵管，一面因有热气，而卵珠已在输卵管者格外有生气与活动。而最紧要者，因有第三种水，而同时子宫液所含的碱性能够调解子宫内及阴道的酸性液质，同时又能压出子宫颈内的积液以便精虫便利入口免受种种的磨难。

以上就临时与平时说，凡会丢第三种水者，一面能使卵珠壮健活动，而一面又易引进精虫与卵珠相遇，所以在这情景之下所结成的胎孩必较强健。

从男子方面说，凡遇对方女子出第三种水时，自己觉得格外性兴。精神已经愉快，而阴茎感得女子的热气与电力，由是格外起劲，故射精时极猛烈。而精虫由是多得了摄护腺等雄厚的助液，比平时也倍觉有气力。射出之后，如遇不会丢第三种水的女子，则精虫必然逗留在子宫口外，而出其力量与阴道的酸质抵抗。幸而战胜又幸而得入子宫内，尚须受子宫的酸素所磨难。故普通的精虫经过这些难关之后，当其到输卵管与卵珠遇时大约须迟到几点钟或至若干日，精虫大都已气衰力竭。如此结胎当然极难得到壮健优良的胎孩。但遇会丢第三种水时的女子，阴道内与子宫内皆无酸性液质，精虫遂得保存其固有的力量。而且子宫颈及输卵管皆得便易进入，可以免白费丝毫无用

---

[1] 荷孟液，荷尔蒙的音译，即激素。

之力。况且女阴及子宫于丢第三种水时热气腾腾,又可助长精虫的气力。末了,在这情况之下,常常子宫口与龟嘴吻合无间,精虫一经射出,同时就入子宫内。总上说来,如遇女子能丢第三种水时,对方男子的精虫,不但免致磨难,而且得到女生殖器的助力与便利的进行,况且又能与新鲜活泼而且壮健的卵珠相合。如此,还会生出不壮健的胎孩来吗?

我今就我国人种与欧美人种比一比:我国人种的衰弱固然由于后天的种种关系,而于结胎时的不讲求女子应出第三种水又是一种先天衰弱的根源。通常我国妇女大都不会丢第三种水的,以致卵珠极呈死笨迟滞之状。而精虫在阴道内须要经过种种的磨难,以致精虫的大部分的气力,被酸性液所侵蚀,而所遇卵珠又是萎靡不振,难怪所结成的胎孩,现出种种衰弱的病态了。至于欧洲,他们交媾时认真交媾,大都女子能够出第三种水,故其胎孩格外强壮。又因后天的种种教养得法,于是遂成优强的种族了。(当然也有例外,我国人中也有得到极好的胎孩,但皆在两性极兴奋时之下所得来的。)优种学先前在注重父母的德性等,不免涉入于玄秘之谈。因为贤父母多不能得到贤子女。唯有从卵珠及精虫的壮健与会合的便利入手,较能得到好胎孩,将来有了壮健的身体,自然可望优秀的性格与聪明。故讲优种者,不能不从结胎时入手,而结胎的关键,又不能不从女子的第三种水入手。

(二)

既然知道了第三种水与优种的关系,这个问题非充分予以注意不可了。此外,女子于发泄第三种水时,其身体格外康健,与精神格外好,男子得此也可得到相当的好影响。故为个人计,对于这问题也应予以充分的注意了。

第三种水的关系既若此重而且大,为什么人们不设法求达其目的呢？这个第一理由，在我国因为女子怕羞，于交媾时，如太孟浪，恐怕被丈夫疑为淫荡，以致不敢尽情纵性。而因其压抑的结果，遂致女子的性趣全无。并且因此常会酿成种种的刺激病。我常常想我国女子，为女儿及为妻时的无聊，和为母及为婆时的暴虐，与女子短命，及种种疾病与精神伤损，皆与性欲不满足即不会出第三种水有关系。其第二理由，则为男女，尤其是男子不知性欲为何物，一味以泄精为能事。但求自己快乐，而不顾及女子的乏味，卒致与不能出第三种水的女子交媾，女子固然不能满足其性欲的要求。而对方男子，也不能得到性趣的美畅。大凡交媾时，男器觉得美妙处，在阴道的收缩灵动，与有电气。凡会丢第三种水，即识性趣的女子，于未丢前，自然能活动。尤妙处在子宫的左右摆动其口，以致常常吸住龟头腔，世所传的得到"花心"即此情景。但其最妙处乃在将丢之际，觉得阴内热气密布，此时阴道内变为"电气的区域"。大凡热就生电，热为电的母，电为热的子。但女子此时所生的电为阴电，与男子的阳电互相吸引。此时男女似合成为一气不能分开，即是两电流互相沟合的缘故。又普通的阴户，尤其是生过子及稍年老者，都犯松放之病，在发生电之时，不但不会松放，而且觉得甚紧凑，因为电气烘干壁膜与吸引阳电的缘故。

至于第三种水丢时的妙处更难言了。平常女子不过女子耳，此时伊是电化的仙人了。伊此时不但自己发电，并且授男子以电。也如男子射精，同时自己发电，同时给予女子以电一样，这确是"电"的问题。最妙处这不是物理化学无机物的电，乃是生理的有生机的电。此种电的作用甚大。它能把身体与精神变为活泼泼地有生气。这样电化的结果，其身体和精神甚好。这个现象，由初婚的妇人常变成格外肥壮，可以证明。反证是，寡妇鳏夫，及和尚尼姑们则都面无气色。但这不是因精液的关系，男精无补益于女子，也如第三种水无补益于男子一样，这是电的问题，不是精与第三种水的物质问题。精与第三种水乃是"欲电"的一种排泄物，但不是电的本身。故男子与女子交，

第三种水与卵珠及生机的电和优生的关系

能丢第三种水时虽男精不丢也够满足性欲而得到些益处。反之，如男子丢精，纵女子不丢水男女也能得到满足。不过这些都是不完全的满足。最好就在双方能丢则较为完满了。可是我们应该留心男女电的不同。男电的发泄极易，他的阴茎好似电杼，只要起劲，即能生电。但女电乃极深藏与散放，要把她的"电盘"即全副生殖器用力拨动始能生热，而后始能发电。

因为此是生机的电，故无此电，则无生机。假如男的阴茎不扬，尚有什么性趣可言？同样，女子"电盘"如无相当热力，则男觉得甚冷酷，好似与死尸交一样，这种交媾往往有害而无利。反之，倘若男女彼此已发热气，已生电流了，则虽无射精与无第三种水，也有相当的利益。譬如男子无意出精，但当女子射第三种水时觉得女阴内有电气来袭阴茎四围，这个就是昔人"采阴"之说，乃在吸受女电的利益，如今日受各种"电医"一样作用。但我们在此所说，不是忍精之谓，也不是单独为男子自私自利而对待女子种种不人道之谓，不过说男子无意射出精时，则不必勉强。但当女子性趣来时，为男子者，应当满足其欲望。故自己虽不射精，也当满足对方人的要求，如此不但无害而有益。同样，女子如无意于射第三种水，如伊与男子都有性趣时，就可交媾，并且也可"采阳"，故古昔"采阴"之说现应改为广义的"采阴与采阳"。因第三种水的排泄比射精少困苦故其次数无妨多些（凡壮女约每星期二至三四次），壮年男子射精，每星期仅一二次就好了。但这个电化的交媾法，即在少射精与第三种水，而在多发出自己的性电及在多得对方人的性电，故男女叮常常交接生殖器，每夜或起床前均可，但以有兴时为限。如遇一方面的兴尽即止。大概时间约十几分钟即当双方退步。如此若干次的吸引，而仅有一次的精液。自己性欲已得满足，而又得到他人的"电益"与给他人以"电益"。

故在此处应将这个电化的性交问题郑重讨论一番，即在考求如何得到充分电化的性交方法，今略为陈其要领如下。

（1）生机的电男女各人所具的有限，故第一不可多用和白费。这个最好是男精与女水不可多用，平常应当好好保藏起来，免致白费，故最好平时男女当分睡：如不同床、不同房、不同屋之类。

（2）因为此项的电有限，故其用时，当好好地用得最有效力。这个最要是当性交时，男女彼此应当提出全副精神，四肢五官并用，凡百思虑全行抛弃。又须彼此裸体以便于各部分皆得接触到周密无间隙。这样男女电格外发展，好似全身皆化为电，与全身皆接受对方人的电一样。这个全身皆化为电的方法，除男女裸体接触外，最要的在四肢五官活动接洽。如彼此双手抚摩对方人的乳及生殖器臀部等，彼此的足互相勾引，又要是彼此口相吻，唇相哑，舌相吮，鼻相触，眼相摄，以至言语动作，皆当彼此万分妥协。

（3）这个使全部变为电化的方法不但要如上说在体外努力，并且要行体内的动作。最要的在行丹田及性部呼吸。但这个不是临时做得到的，须要在平时练习。请参考本刊第一期[1]内载的《怎样使性欲最发展与其利益》一条就可知道了。

（4）全身的电化不过广而言之。究其实全体电化不过为性官一局部电化的作用。换句话说，使全体电化者，正为增进性部电力的浓厚。故交媾的目的，还是在性部的电化了。性部电化则全身也随之而电化。故最紧要的，乃在怎样使性部发出最浓厚的电力。这个非求助于交媾术不可了。此层分为五个细目如下：

（甲）男子于交媾前当小便，以清膀胱，庶免才交锋而溃败。女子则要少储蓄些小便，以便膀胱满而使性部的神经易受膀胱重力的刺激，以便较易使性部发热与生电。因为女子性部与男子不同，我们在上已说过男女性部发劲猛缓之理由了。

（乙）交媾时间最少要在半点钟以上。因女子要射第三种水，常例非经过二三十分钟不可。而男子实在也要延长到这个时间以上，才

---

[1] 即1927年1月《新文化》创刊号。

能得到美满的发电与快感。除一班阴痿与疾病应特别医治外，身体稍壮的男子，要达到这个期限，不是难事。若能助以意志的作用（如立意非到此时间不肯射精）与心理的作用（如要射精时则男女彼此谈谈话，最好是大笑，大笑最能阻缓出精），及动作的方法（如将觉得要射精时，则勿动作，同时使对方人亦勿动作，与放松阴道）。

（丙）最要是对手人所用的方法。如女子要男子快射精时，则可束紧阴道与簸动阴具。若要男子缓射精时，当用相反的方法。又遇男子将要性发时（如觉得阴茎比前劲而且热时），则最好就用语言移动男子注意到别种问题，或用齿轻咬其颈，或用手揉其腕与背肩及脚部等，使男子的血液流到所触动的部分去，如此当能延缓其出精的时期。我尝听一个朋友说，他遇一个女子能够如意操纵，使男人到终夜不能出精，或即时可如伊意而射精。这个当然为特别艺术，不过稍聪明的女子，能够活用上头我们所说的心理及生理的方法，当然能够延缓或促进男子射精的时候。反之，男子也能够用此法以对待女子，使伊缓或快泄第三种水。

（丁）交媾之事，既然由男女两方面凑合而成，故不好只让一方面（男或女）单独立于主动的地位。如有一方面立于被动地位，则身体及性部不能发热与发电，而减少自己的兴趣，间接也就减少了对方人的性趣。故要达到男女彼此全身电化与性部得到浓厚的电力，非靠男女彼此争立于主动的地位不可。所谓"当仁不让"，诚当如《西厢》所说："一个恣情的不休，一个哑声儿厮耨，那时不曾害半星儿羞！"

（戊）说到此处，更当补足者，则为交媾的状态。平常，大约有一百二三十种不同的交媾法，但因男女对手的体格及生殖器不相同，故极难定下一个为普通人最好的方法。不过就大纲说：第一，男女当立于最畅快的位置；第二，男女的手足身体，不可多费无用之力；第三，男女生殖器要到充分的活动；第四，于射精后男女彼此能够便利地互相紧抱。

以上四端为标准，而可以批评世人所常用的男上女下而面对面的交媾法为最笨拙。这个理由是犯了第一及第二与第三大纲的缘故。因在这样的状态之下，男子位置甚劣。而且双手与两足不能不支撑全身，由此费力甚大，当然不能注全力于性机关的活动。而且男女性部活动不甚十分灵巧。其最坏的，若遇男子肥胖，男的固然筋疲力尽，女则被压有如杀猪一样的悽怆。故普通最好状态，应是女子坐于床或椅边，双脚往外垂而且左右跷开，上身向后靠与臀部成为斜平形。男子则立于地上，不用抬女脚，也不用支自己手。如此，男女不用废半点无谓之力，而双方可充分活用其生殖器。射精后，也可得到紧凑的拥抱。又有一法比此更美妙者：女子用手掌托于床边，或椅边，足站在地，两脚离开，下身略弯七八十度。男子也如前站立一样。但从女子"后下方"进取。这个叫做"隔山取宝"。其俗名为"自然交媾法"。但就蔼理思所记载有许多人类仍然实行此法。就道理说，此为最自然及最好的交媾法。因为龟头能直接触到"阴核"，"阴核"也名为女子性部的"电铃"，其关系于触起女性兴的重要可想而知。如此的方法，极易使女子感觉性趣与极易发电和丢"电水"，即第三种水，别种方法皆不能与它比较效果也。男子方面不但得到快乐，而且多加一层鉴赏女臀的丰润。但遇女臀太肥大，而阴茎太短者，此法不合用。以上五端，仅言其大略。至于神而明之，存乎其人。诸君应知此为艺术方法，不能执定一例以相绳也。

总上说来，人类性交最要的在使起电化的作用。但应知生机的电与物理化学的无机电的性质一面相同，即阴阳二电相遇时就发生电流与相吸引，此际就发生热与光，其表象为颤动。例如男女交媾能发生电时也有这样情况。他们互相吸引的如一体不可开交一样。于时阴阳电对流常常觉得男女——尤其是女的周身颤动，甚的好似打寒噤一阵一阵不自主的快乐起来。这是显然电的作用，有感觉而且有爱情的人，有时对于爱人握手时，即发生电化的作用，而至于射阳精或阴水。有时甚而至于彼此的眼一行相摄，即发生电，这是"无线电"，其电浪，乃从空中传达，不用身体的接触。

可是,生机的电与无机的电不相同处有二方面:它能发出生机的电所具有的特象与情爱的作用。今就第一点先说:于交媾时,或男女仅有性兴时,对手人就会觉得有二种特别的象征发出:"甜味与香气"。此二种物的发泄,周身皆可发见,但甜味以在奶部及唇边为最,而香味以在阴阜及腋下为最。当女子性兴发作时,其唇发生比平常格外的甜味,作者本人亲身尝过。故交媾时,男女唇咂唇之事无论文明野蛮和贤不肖的人皆能发觉,欧风公开亲吻不过把这个性行为公开罢了。故社会上亲吻之风可以革除,而在爱人中,此事万不能废弃。至于奶部为制造"甜乳"之场,于性发时,此部能发出甜味,本无足怪。小孩生时即知用嘴往奶部吸乳,也是因为甜味所吸引的缘故。晓得兴趣的男子,每当交媾时,常吮其对手之奶,而女子得此也觉为无上的快乐。有些女子非此,不能射出第三种水也。

说及香气的排泄,更为有趣。平常女子阴核所排泄的液含有极多量的香气。而遇性发作时,其所排出的香气更多,有时且连及于腋下。《红楼梦》记宝玉靠近黛玉时:"只闻得一股幽香,却是从黛玉袖中发出,闻之令人醉魂酥骨。"其实,不只女子有此奇香,即壮年男子身体壮健清洁时也能发泄。但此种香产生极多的地方当然在阴核的部分。蔼理思引证一个女子与人交媾后,香气在房内三日未散。史乘上载了什么"真主出世时,奇香满室",大概是产母的阴核发泄多量的香气所致。

除性兴发作而多行排出香气及甜味之外,尚有皮肤此时发出脂质与热气,遂使人摩擦时觉得分外酥软。声音变成颤动,面颊红晕而同时发生电气。

其在情感方面的表象,更是奇怪。凡苟非对了十分嫌恶之人,于交媾后未有不生一种情爱者。我国旧时婚姻都是男女不相识的,但一经交媾后,大都是满心乐意,这大多确为家庭制度与礼教观念所束缚,但一半也为他们尝过这样滋味之后,不肯放弃所致。俗谓无隔夜不好的夫妻,凡夫妇于大闹大噪之后,只要一行畅快的交媾,一切芥蒂未有不云消烟散者。这个可见一次好的交媾，胜于百回无用的表情了。

这种生机的电不是虚幻。其实一切物无比这样电更切实的。平时人身所发泄的为体温但不是电。这种生机的电必要两性接触之后才能生出。因为无阳电则阴电不能发泄，也犹如无阴电，则阳电不能发泄一样。必要阴阳电，然后能彼此互相对流。对流的力量大小，而身体也起电化相当的度量。论到男射精女出第三种水的时候，当然彼此达到全身最电化的时候，故有限制的这样发泄，男女多觉身体不困，精神反觉舒畅。到此时男所吸收的阴电，常足补偿其所失的阳电。而女子所失的阴电，也能吸收相当的阳电。而且这两个电对流之后，每每传给卵珠及精虫一些电气，当这两物聚合之后即发生电气吸推的现象（参观胎孩成就时的状态）。故胎孩的强壮与父母发电的大小也有关系。

以是，男女交媾，最切要而最粗易的当然在使男子出精与女子出第三种水，因此可使男女发生了极多量的电力，以便使彼此身体壮健与精神愉快。而又可使胎孩壮健与活泼。可是，要使生机的电达到最高等的度数，不但要从精与水的排泄，并且要从下头所举的二事着力。

（1）情爱。——凡男女彼此无情爱：则交媾时不能生电，即使女子能出第三种水，与男子能泄精，但彼此因无情爱也不能因此泄出多大热气与电力。但有情爱的两性则能产生极大的电力。他们排泄许多水与精时即是这种大电力的表示。但假使无出精与水时，也能使两电对流而得身心的利益。

（2）美感。——男女电的感触，其平时冲动与临事起劲皆由彼此所触的美感为主动。这样美感的要素，如长得漂亮、穿得讲究、交媾的场所美丽舒畅与时候的合宜（最好，于夏天热时在海边或山间举行。或则在房帏中也要讲求整洁及房温合度），他如说话悦人、学问充裕，也是增进自己及对方人的美感。

由此可以知道要交媾时得到生机的电的发泄：第一，在使女子能出第三种水与男子能射精；而第二，也要男女彼此有情爱与美感。总之，物质与精神，双方并进，然后，始能达到美满的目的。

总之，人若长久的无与异性交媾，或交媾而不得到乐趣，其身体也逐渐变成物质化，即呈一种死笨呆滞之状。但得与异性的电流互相交换时，则分外呈出生气与活泼。以电化为主干，可以无肉质与精神的分别，肉欲与精神彼此皆已化为电了。这是电子，不是精虫。那是电子，不是卵珠。但要使男女的肉体皆化为电，应当从第三种水的排泄入手，而使女阴为发电的区域。由这个电的作用，而使一方面卵珠易于成熟，与易于排出和下落；而别面使对手男子也随而生电。由两电的交流，而使精虫与卵珠分外活动，以成为最好的胎孩。由这电的作用，而使由性交更能增厚男女彼此的情爱，与使男女各自得到身体的壮健及精神的愉快。电化的性交之作用大矣哉，第三种水之作用大矣哉，而使如何出第三种水，与如何得到电化的性交那些种种方法的作用，不必说更是大矣哉而且重矣哉。

附一

附　说

光旦在《时事新报》发表了一篇《〈新文化〉与假科学》——动不动以假科学加我罪名之上，可见他们骂人者有一致的组织了。可怜是作者在此文上反大证实我的科学事实了。第三种水常然是女子自然具有的液水，我不是天公，安能从人身无中造出有，那么我何敢居奇之有？但我自夸的是我提醒人注意此水与使人怎样能出此水的方法耳。

第二项说到"色情亢进与受精之关系"（原文），作者引福瑞尔为证，我们之证更多，可看《新文化》《性部呼吸》一文。而且我们明明说无第三种水也能受孕，不过胎孩不好罢了。

第三，"色情亢进与排卵之关系"（原文），我极感谢了他引普本拿证明色情亢进与排卵的关系在"特别情形"之下有"可能性"（原文）。

第四，在"复排卵之统计与其真原因"（原文），作者说："大约百分之五或百分之六似会在同时期内排卵二枚，这是西人观察所得的结果。"这可见西人观察所得较我所说的为可靠了，那么我说由第三种水而使卵珠多成熟也有相当可靠了，作者说我说"欧妇与交媾时大都能出第三种水的"，就疑此百分之几的数目太小，但我则以为数目太大。因为我说"大都"不是"全数目"可知。而且我说排卵数目与身体及第三种水俱有关系，那么，凡能出第三种水的未必是身体好，则虽有第三种水也难有卵珠多成熟了。而且出第三种水的分量也有多少，假伊每夜出了数回则其水量自然不多，热气自然不及那产生卵珠的定量。若然则虽有第三种水而也不能有卵珠多成熟了。

其次，作者举了一个例子就说"优生倾向之为遗传可以说是确定的了"。但我问此法国妇人的多孪生，是不是性情亢进而多出第三种水吗？你说优生倾向是遗传，我也可说出第三种水的倾向也是遗传！

末了，说及遗传与优生学，作者更为浅薄。他所知的仅有戈尔登[1]。而我们以为戈氏学说极靠不住。"贤父母得到贤子女的机会总比不贤者为多"，这是作者举戈例以驳我的。但我一问是不是环境即后天的结果呢？若说是他得了先天的遗传，则我又问是不是贤父母较有营养料与较会性情亢进呢！是不是胎儿成后，贤父母较有接近的暗示呢？先天遗传也有些吧，但至少千分之九百九十九则在肉体。人所生的为人的形体，这大概靠得住的。但尧不免生丹朱，瞽叟竟能生了

---

[1] 今译弗朗西斯·高尔顿（Francis Galton，1822—1911），英国遗传学家，1869年出版《遗传的天才》，认为人的智力受到遗传的影响。

舜，可见德行与才能的遗传是极渺茫的。我已在三年前《美的人生观》上说，戈氏的优生学是玄学的，我们的才是科学。因为我们所能为力而又较有把握的，一在制造肥壮的胎孩（在使精虫卵珠得到最好的会合而又使母体最舒畅），而一在建立美的环境。先天的身体既强壮，而又有好环境为它发生培养之地，如此当能较有得到优种的希望。若一味如戈氏等的求父母遗其德行于精虫卵珠，未免玄之又玄了。精虫就是"虫"，卵珠仅是"胞"，虫也，胞也，断不能遗传父母的才能与德行。故我请作者除研究些"戈学"外，请他谦恭地研究些"竞学"吧！

《学灯》编者登此文时虽满纸放泼，开口骂人，尚能搬出些证据来，所以我就乐于从证据上说话了。但我警告编者，你在《学灯》那篇丹甫[1]来信骂我的按语确实坏透。你须知你是什么人格，我是什么人格。但我对你辈一般上海文氓，除非万不得已时，我终不要学你辈的破口便骂，终望于事实上多所讨论为佳也。（《附说》结束，以下仍为正文）

我尝推测妇人于交媾时，能出"第三种水"，则卵珠同时乘兴而下，其所成就的胎孩，必定壮健优良。初时尚未搜罗各种证据，以致不敢说为"事实"，而只云为"推测"。今则似乎将此推测者证明其为事实矣，我个人的愉快不待言说！所望者不只我个人的愉快，而由此于结胎学、优种学及交媾术，皆有无穷的新页献，其为益于人类岂浅显哉，岂浅显哉。

女子于交媾时自然能出其阴核内的香液与阴道膜的排泄液，这二种液为皮肤所应有的排泄物，苟非女子不大愿意，或有病时，他们总能发现的（阴道液为第一种水，阴核液为第二种水），但"第三

---

[1] 丹甫为梁实秋笔名，详见本卷《时事新报——研究系尾巴》一文。

水",即"巴多淋"液（世俗或叫它为淫水，冤哉），则非待女子有充分性兴时不能排出。

这"第三种水"排出时，平常非经过相当的交媾时间不可（大约须在交媾二三十分钟后），因为这种水乃在阴道口内，其排泄时和男子射精一样，必须等到生殖器全部发热拥血时才行。女子生殖器构造的体积，比男的不止若干倍大。男子只要阳具勃起与充分拥血时，就能射精。其实，阳具的体积，仅比女子阴核一部分而已。况阴核为内藏，要使它勃起，而在普通的交媾式中，其势比阳具的勃起已难。而况此外尚有外阴唇、内阴唇、前庭球，又尚有深而长曲而且复杂的阴道，与孤悬阴道后的子宫，而况——而况与女阴相连的臀部，也有许多互相关系。故女子要射第三种水时（又叫阴精，但与男精含质及作用不相同，说详后），非俟到上头所说的各部分得到相当的热气与拥血不为功。明白此理，难怪女子达到射第三种水的时间，比男子的射精时间，要多几倍了，因为非有长久的摩擦时间不能使这个广大体积得到相当的热气。

我为什么要这样从生理上详细写出？这个无非为下文作根据罢了。大家既知这第三种水的来源那样艰难，你若想为"自然"故意作难女子，就不免猜错了。它来源的困难，正为使卵珠受它的感动，而起种种的作用呢，这个又须待在下缓缓说来。

男子产生精虫的机关为睾丸。二粒睾丸藏于阴囊内，与阴茎相离甚近。只要阴茎发作，睾丸就相连带及，故男子阳具摩擦需时不甚久，而可以达到出精之目的。说到女子则其状大大不同。女子制造卵之处为卵巢，其卵成熟后排泄到输卵管，通常卵在管的膨大部分，等待精虫来结胎，由卵巢到子宫口，路线约有二公寸[1]余长，而由输卵管膨大部分到子宫口，平均尚有二公寸。然则这样长的路线，不是仅靠阴具（指大小阴唇、阴道、阴核）发动时就可成事，其势非俟到与

---

[1] 公寸即分米，1公寸为10厘米。

输卵管及卵巢相连的子宫一样发劲与动作不可。故可知道女子必要待到生内分泌的工作而已。但就性学上说，我们用人力能使这腺液起了向外极大的射击而又使女子由此起了身体与心灵大大的变化。所以腺好似静止的机体，而第三种水乃是此机体活动时所生的效率，故我们不称为 Batholin 液，而称第三种水者，正使人们知道此二件事的分别在何处，并使其注意此中的作用不同之点也。

又有说这是"淫水"，直叫为淫水可耳，何必称为第三种水？可是我们以为淫水一名词，太不雅驯，又是一种卑视女子的口气。况就"新淫义"说，女子能出第三种水比不会出第三种水的更不淫。故可以说第三种水是"不淫水"了。

又有说这是"阴精"不必叫为第三种水，但我们应知第三种水，不过能使女子易于受孕，但完全与"精"的意义不相关。故"阴精"乃是旧时不知此水的真作用所误用的名词，我们现时应有矫正它的必要。

于此，又须兼说者，则有某的仅视第三种水为色情亢进必具的表象，而彼不知我们所重的乃在人力使女子出第三种水，不是全靠天公的摆布。故彼若视自然的色情亢进为足了，而以我们的重视第三种水为无谓，这好似要我们看见天边行电就视做我们的电灯不必再去研究怎样取电的方法同样犯了怠惰幼稚的毛病。

话总辩不完的，故不如在此用滑稽作一结束语以答那班高唱打倒第三种水高调的先生们吧。因为将第三种水打倒了，不啻宣布我们女子的死刑，由此又不啻打倒了自己的兴趣一样。你不是傻子，总不至于不顾自己的利益吧。故第三种水不但不可以打倒，而且要特别地普遍地提倡起来。故我们应该叫了下头的口号：

打倒不会使女子出第三种水的男子！

打倒不会出第三种水的女子！

第三种水万岁！

能出第三种水的女子万岁！

能使女子出第三种水的男子万岁万万岁！

十六年五月末书于上海

附二

《新文化》与假科学——驳张竞生[1]

潘光旦

近来坊间，发见一种新杂志——《新文化》——大谈性教育与其他类似的题目：他的口气大极，像有无上的权威似的。其中侈谈性育的文字，似科学而非科学，似艺术而非艺术，似哲学而非哲学，本不值得一驳。最近的第二期里，主编者不自知其谫陋，竟讨论性育与优生的关系起来。涉及性的文字，胡乱写来，原与淫书无别，早已成为一班文妖、假科学家与假艺术家的渔利的捷径。优生学的题目比较新颖，在中国社会里，虽时常有人讨论到，三四年来居然还没有经此辈的播弄。如今《新文化》竟以提倡优种学自居，并大言不惭提倡优种之"方法"！一种学术，一种社会革新的理论，始终逃不出假科学假艺术居奇垄断的一番劫数，真可浩叹；在一切学术方见萌蘖的中国社会里更是可痛了。《新文化》主编的人说：

> 我今就我国人种与欧美人种比一比。我国人种的衰弱固然由于后天的种种关系。而于结胎时的不讲求女子应出第三种水又是一种先天衰弱的根源。通常我国妇女大都不会丢第三种水的，以

---

[1] 本文原刊1927年5月5日《时事新报·学灯》。

致卵珠极呈死笨迟滞之状。而精虫在阴道内须要经过种种的磨难，以致精虫大部分的气力，被酸性液所侵蚀，而所遭卵珠又是萎靡不振，难怪所结成的胎孩，现出种种衰弱的病态了。至于欧洲，他们交媾时认真交媾，大都女子能够出第三种水，故其胎孩格外强壮。又因后天的种种教养得法，于是遂成优强的种族。（当然也有例外，我国人中也有得到极好的胎孩，但皆在两性极兴奋时之下所得来的。）

优种学先前在注重父母的德性等，不免涉入于玄秘之谈。因为贤父母多不能得到贤子女。唯有从卵珠及精虫的壮健与会合的便利入手，较能得到好胎孩。将来有了壮健的身体，自然可望优秀的性格与聪明。故讲优种者，不能不从结胎时入手，而结胎的关键，又不能不从女子的第三种水入手。

这种荒谬绝伦的议论居然也在今日中国的"学术界"自由传播？就其荒谬的程度而论，我们本来可以置之不理。但就其传播的速率而论，我们却也不该缄默。

一、色情亢进无可居奇

《新文化》主编者自诩为新发明的"第三种水"，我们不晓得究竟是什么东西。我们自己说就是巴多淋腺的分泌。既是巴多淋腺液，则略识性生理的人大都晓得，没有什么稀奇了。"女性色情亢进之际，阴核与阴唇勃起，阴道口之括约肌颤动，前庭腺及巴多淋腺（即前庭大腺）分泌比较多量的液质。"这是医学生所用生理学教科书里的话（Button-Opitz）。此种事实，当然不是尽人而知，但可见它决非《新文化》主编者所可专利与居奇的了。此种现象之名为色情亢奋，至今已很普遍；主编先生记述同一之现象，不用此通用名词，却只在第几种水第几种水上做文章，诚不知是何居心。

且巴多淋液功用之一，在减少性交时之阻力，大凡性欲发作后，即逐渐分泌出来，分量的多少视性欲之强弱为断，亢进的时候，欲性强至极度，分泌得当然更多。这种分泌作用，女子之中，除了性欲有特殊变态者外，是尽人而有的；即使性交不得其当，女子不能达到亢进的程度，这所谓"第三种水"也未尝完全不出来。如今《新文化》主编者却说：通常我国妇女大都不会出第三种水，究不知根据何种统计的事实。又说：至于欧洲，大都女子能出此种水。也不知根据何种统计的事实。无统计事实而信口开河，其居心也就不可测了。

二、色情亢进与受精之关系

受精成孕，是否必须女子色情达亢进的地步；或是否亢进则成孕易，不亢进则成孕难，也是一个问题。福瑞尔（A. Forel）在他的《性的问题》第三章中说：或言女子当亢进之际，子宫颈发生吸吮之动作："我不知此果为事实否，然女性亢进殊与成孕有关，可以断言，绝对冷酷之女子，性交之际，或毫无兴会之表示，顾其生育力之大，实不亚于色情极端亢进之女子。是足证明子宫颈即在完全静止状态中，亦无碍精子之进行而达其目的也。"执此之论，则可推知不特成孕与否，即卵珠成熟之迟速多寡，精子进行之利钝顺逆，无一件与"第三种水"有甚特殊关系。《新文化》主编者以中国人种之积弱归咎于卵珠与精子之不健全，而又以此归咎于女子不出"第三种水"：简言之，即中国人种之不振，由于女子不出巴多淋液！绳以福瑞尔的议论，我们即不失笑，至少亦觉得此种不经逻辑不问事实一跃而得结论为大可怀疑了。

三、色情亢进与排卵之关系

亢进与受孕的关系，我们偶而还可以遇见一两个特殊的例子，至于亢进与卵珠成熟的关系，我们更不得而知了。"在特别的情形之下，亢进也许可以促进卵珠之成熟与排出；这是可能的。哺乳类动物中，卵珠之成熟与排出有自然发生者，亦有似非经交尾不发生者，例如兔子。据目下种种而言，人类显属第一类，但在特别情形之下，也许不无属于第二类的例子。"这是美国优生学者普本拿最近发的议论（P. Popenoe, *Problems of Human Re-production*, p.173，1926年9月出版）。观此可知亢进与排卵的关系至多是在"特别情形"之下有"可能性"罢了。排卵之数每月不逾一枚，偶或同一囊状卵泡（即格辣夫卵泡）中含卵二枚，但颇不常见：这是早经证实了的事实，无法播弄的。不图《新文化》的主干先生竟即此亦掉头不顾。却说："第三种水能使新鲜的卵珠下来：这是说其卵珠未成熟者，因第三种水发泄后，而使卵珠能成熟，多成熟，好成熟，与成熟后多活动，快下来！"这是何等荒惑的谬论。所谓"快下来"，虽未必有其事，非必不可能，我们可以不加深责。至于"快成熟"和"多下来"，我们只好完全以臆说目之了。此种臆说不特毫无科学根据，且不经常识的推敲，发育健全与婚姻及时的女子，自发身期至月经绝止，以按月排卵一枚计算，至多不过四百枚，这四百枚之中，用得着的，至多不过二十余枚罢了。试问快成熟和多成熟了更有何用处？

四、复排卵之统计与其真原因

要是排卵和性交真有相当的关系，那末凡是性生活发达的女子，同月之内，二卵或二卵以上受精的可能性应较其他女子为大。据观察卵巢内黄体的统计而论，大约百分之五或百分之六似曾在同时期内排卵二枚。这是西人观察所得的结果。若排卵与性欲亢进的关系真如《新文化》主干先生所臆定，这百分之五或六的数就实在太小了，尤其是在"大都能出第三种水"的欧洲女子。再就复胎和孪生的事实而论。二卵受精的百分数既不大，复胎和孪生的百分数自然更小。布纳维女士（Bonnevie）就挪威的人口统计核算，生产数中只有百分之一点三四是孪生；此百分之一点三四且不尽是二卵孪生，大约有百分之二十，即一点三四之五分之一，是由单个卵分化的。要是色情亢进与排卵真有积极的关系，这种所谓多成熟与快成熟的成绩不能不令人大大失望了。

卵珠多成熟的事实不是没有，但是绝对不多；同时色情发达，性交时能亢进的女子却不少；由此可见色情亢进与排卵，就人类而论，是两个不相干的现象，用不着好事者强为之拉拢了。我们把这层弄清楚了，不妨进而求卵珠多成熟的真原因。挪威人口统计，载全国生产数中百分之一点三四是孪生；然就某地一家的生产数而论，其孪生者多至百分之一九点五，除其中同卵化生者不计外，其数已自可观，此外同性质之零星孪生统计尚多。生物学者就此种统计结论，认为孪生的倾向，不论为同卵或异卵孪生，实有遗传的根据，且其遗传方法，似为隐性的，即如普通单生倾向相遇，孪生的倾向即为之掩过，非男女双方均有孪生倾向，不能有孪生子女。隐性之说也许不确，但孪生倾向之为遗传，可以说是确定的了。美国优生学者达文包（C. B. Davenport）尝引一例如下。一个法国妇人，后来移到美国渥海渥州居住；前后嫁给过三人。初次嫁人，产孪生一次。再嫁，初产，孪生女子各一。（女儿长成后出嫁，初产单生一女，第二次孪生。）法国妇人第二次生产三子，二女一男。二年以后，又孪生子女各一；次年又孪生子女各一。及第三次嫁人：初产孪生均男；第二次一产三子，一男二女；第三次小产，一产三女；第四次孪生，一男一女；第五次又小产，凡四子，二男二女；六次又孪生，一男一女；第七次一产三子，一男二女；一九一二年第八次生产，一产四女；同年第九次，又小产，一产四男；次年第十次，流产三女。总上凡嫁三次，生产十五次，产出已成熟或未成熟之婴孩四十二个。此妇人成熟的卵珠不可谓不多了。所以多成熟的缘故怕不外遗传；因为据此妇人自言，她的母亲和外祖母每次生产，总是二个或二个以上。此妇人与第二个丈夫所生的女儿出嫁后也孪生过一次；总合起来，这个血属系统里凡四代都有孪生和复胎的倾向。撇过遗传，却说她都是善流"第三种水"的结果，未免太不成话了！

观以上讨论，可知《新文化》主干先生于若干基本的事实，尚未研究清楚，其关于优生学方面的推论，更是不可靠了。

五、对于优生学的误解

优生学先前注重父母的德性等细节目，如今还是如此，并没有改，也并不想改。种种品性，多少总有遗传的根据；所以优生学或优生术的基本科学之一便是遗传学；至于遗传学的内容，我怕自诩为哲学家与科学家的《新文化》主干先生从来没有问津过，否则此番关于优生学的胡说，我辈读者也许可以幸免了。"贤父母多不能得到贤子女"，当然又是乱说，优生学统计家言，贤父母得到贤子女的机会总比不贤者为大，而其大的程度视贤的程度而差；这种统计材料，自一八六九年英人戈尔登作《遗传的天才》一书以来，时有增益，近自智慧测验发达，其数量益大，不知《新文化》主干先生何以不加以参考。他也许不知世间有此种智识；此种基本智识而无有，却侈谈优生方法，真是大惑不解。

《美的女体速写》序[1]

陈晓江[2]氏虽在壮年赍志而殁，但其存留于人间的艺术价值可得而传者：一为《西方极乐世界图》，而一为此册及后册所发表的《女体速写》。《西方极乐世界图》特为其戚卢某而作，事虽无稽而艺术的价值不因此而消灭。图共十一幅：第一幅为《阿弥陀佛》像，第二幅为《空中楼阁》，第三幅为《多宝塔》，第四幅为《摩尼散花》，第五幅为《上有楼阁》，第六幅为《众宝无尽楼阁》，第七幅为《多宝佛塔涌现虚空》，第八幅为《空中坐禅》等，第九幅为《林间坐禅》等，第十及十一幅为《摩尼出水》。我尝到西湖卍字草堂，鉴赏此图，觉其宏壮伟丽，不是常品可比。据其说明书所言："此画每幅高八英尺，广六英尺强，图中最近之佛像，其大小与我人相若。"又言："图中各佛之姿态，及所持各种法器，作者依佛经为根据，由速写及理想得之。"然则陈氏对此图的苦心焦思可算已极，其价值也不言而可知了。

可是，《西方极乐世界图》的成绩终不如《女体速写》画的巨大。此中优劣之点乃定于下四项的关系：

---

[1] 《美的女体速写》于1927年2月出版，北新书局发行，署名"陈晓江绘 张竞生编"。该书主体部分为《裸体研究》，原刊于1927年1月上海《新文化》创刊号。后张竞生将之加上《序》单独出版成书。为张竞生主编"审美丛书"之一种。
[2] 陈晓江（1894—1925），原名陈国良，字晓江，浙江镇海人，1918年赴日学习，1919年回国发起天马会，1920年赴欧洲考察美术，1922年在上海创办东方艺术研究所，1923年为其亲戚卢鸿沧绘制《西方极乐图》，历时两年完成。1924年至北京国立美术专门学校任西洋画教授。1925年8月病逝。

第一，背景不同——画极乐世界图时的背景为佛经及印度宗教美术史与古画佛像和石刻佛像等，都是空幻不实之人物。而且作者本非佛学大家，对于佛道不能深切了解，以致所画人物——尤其是佛像，大多普通无奇不能表出其特别的个性与神情。至于所作的女体速写，则有模特儿为其标本，其中的一切姿势，如坐的，伏的，睡的，躺的，站的，与及其他的状态，皆依其实状以写生，故觉得栩栩有生气，全不像在《极乐世界图》的涉于杜撰一样了。

第二，取材不同——在极乐世界图的主人翁为各种佛。而所谓佛也者，其表情除现出一种呆傻的信仰，和合掌致敬之外，别无所谓有何种情态者。在《女体速写》上，所取材的全属美的女体，使人于其间领略全身玲珑与神情巧妙的兴趣。简括言之，极乐世界图为宗教的，乃属于"超世间"的物，唯有深信此道者始觉得其中的意味。女体速写为通俗的，乃属于"现世间"的物，所以一切普通人皆能领略其艺术的价值。

第三，"画境"不同——陈氏作极乐世界图时乃在北京陋室之中。环境恶劣已不堪说，而且热时汗流浃背，寒时指冷足僵，以此而所成的画也一如其作者生活的无聊赖了。但当其作女体速写时，乃在美丽的巴黎。举凡足以怡情悦意者，作者皆得领略与鉴赏，无怪此时从图画所表出来的，皆是一些幼腻美妙的作品了。

第四，动机不同——极乐世界图之作，不过应卢君的要求而已，陈氏处于被动的地位，而完全失却了艺术家自主的精神。当他作女体速写时，其动机完全以艺术为目的。况且久别爱妻，"人孰无情，谁能遣此"，对物思人，不觉他的笔曲曲写出个中底意识来，故女体速写的成功，全在作者先有对于女性充分的感情而遂能奏其美的成绩来。

以此种种缘故，遂使《女体速写》与《极乐世界图》一比，当然前的居上。可是《极乐世界图》得卢君于西湖胜地广造楼阁以张扬，遂能博得世人的荣誉。可惜这些女体速写竟泯灭无闻永远埋没其真才。我们今幸将其出版，以期与全国人共赏其奇妙。女体图画将来如在我国有一日呈出其异样花草来，此集先容之功，或者不让于唐时佛经、佛像的贡献，然则视晓江氏为"裸经"的三藏也无不可！

民国十六年元旦
张竞生序于流氓之地"上海"

附

裸体研究——由裸体画说到许多事

——为晓江氏女体速写而作

张竞生

（1）裸体画所表示的部分——私处、臀、奶

初期的裸体画，大部分注意于美人的私处。他们所要传的就在这个妙处。他们美术家有如圣叹所说："停目良久睇之，睇此妙处，振笔迅疾取之，取此妙处，累百千万言曲曲写之，曲曲写而至于妙处，只用一二言斗然直逼之，便逼此妙处。"他们"费却无数笔墨，止为妙处，乃既至妙处，即笔墨都停，夫笔墨都停处，此正是我得意处，然则后人欲寻我得意处，则必须于我笔墨都停处也"。这些皆是圣叹对于裸体画所描写的阴部称赞得恰到好处。

及后美术家知道要他所画的妙处得到极妙，极美，不止要把那私处画得妙，并且把臀部使它达到一样妙境，因为臀部不妙，则阴部也不妙。今把臀部画得妙，同时也把阴部的妙处衬出来了。女子天生成一副美臀部。椭圆而丰润的两半臀把后半身形成弯曲曲的，尤其妙处，这不但是简单的曲线美。乃是极复杂而又和谐的。试看下图1由

两肩而下到臀部成了两条和谐而整齐的曲线。同时由这两条和谐的曲线，由背而上成为手及两肩和颈极齐整的上半身美的曲线形，由臀而下又成为两大腿节和脚部的美曲线。同时背的中心成为一条凹线与两半臀中间的凹处，不接不离，若断若续，到此方知臀部丰润之美，同时能使后身全部变成为美。

其实岂但如此，由臀部的丰润，同时而使阴部也丰润，试看图2由后面臀部所形成如我们上面所说的曲线，在正面也可看得出。此外，我们又见到阴部与大腿节所行成的双叉形。其交点与脐心和鼻尖遥遥相对而成为前面极笔直的垂线，与两侧边的曲线和奶部的曲线相反衬，越显得一直线为主干，而许多曲线于各方缭绕，作成不蔓不枝的美观。这前面的中心直线系混成的暗托的不如背后中心直线的显明。但正因为它是混成所以觉得好，阴部的迷人处，正因其"混与暗托"哪！

再说些正经话吧。臀部发长，不止为美而已。实有二个大大的作用呢。第一作用不必说是宜于交合，因为臀部丰润，同时阴部也丰润。阴部丰润，自然是床笫间稳贴舒服，自然是性趣盎然，自然是簸动摇摆各尽其妙。

可是自然真是妙儿呵！它造成女子臀部甚宽大，一边固为美术家的欣赏，一边又为性欲的舒服，但这二个作用全不是它的目标，它所以要臀部宽展与阴部丰润，无非为易于受孕及生子起见。易于受孕，因为臀部发展和阴部丰润自然外如外阴唇、小阴唇、前庭球，长成得极圆满。外阴唇好似外城一样，内阴唇好似内城一样，而前庭球更好似一座作战的城堡。阴部发展的女子，这些外部自然也极发展。外阴唇发展的两边皮能接得紧紧如铁圈一般围住外气不入内，内气不透外，而有男精到阴道时更不容易使它出去。它又有一大作用处，是当交媾时能在外面处处把"敌人"围住，周旋曲旋，内旋外旋，旋得到"敌人"头昏脑乱，手足失措。内阴唇的发展更能助成性的作用。此种皮甚有感觉，富于活动性。"前庭球"便是这种皮的极端发展进化而成的。它扼住阴道口，其地位如关卡一样，其发展的，好似重蕊的

图 1

图 2

《美的女体速写》序

玫瑰花,真好看煞人也。不必说它的作用是何等重大,而使"敌人"何等舒服。总之所谓外阴唇、内阴唇,尤其是前庭球,它们作用,完全是一边为保护生殖器,一边全为使精虫不易外走。

说到阴户内部的组织,其周密的程度与臀部及阴部发展自然也是成正比例。凡此二部发展者,其阴道膜的周围海绵质必定缜密,富有收缩性及黏液质。其复杂好似山阴道上,弯弯曲曲,重重叠叠,又如迷楼一样,使敌人入其中,但见千门万户不知得何处出入。闻说山西省有一部妇人阴道的组织,好似内地厘卡一样的留难麻烦,过了一关卡又有一关卡,最奇妙是这些关卡皆是活动不是如世上的死笨,"物"入其中经过一关卡留难,之后,再由它送到第二关卡,如此无穷的又留难,又放过,故"物"虽一路觉得极留难,但得到极快乐的报酬。

说到子宫,凡人皆知它是受孕及藏孩最关紧要之所在。它是精虫的天堂,又是胎儿的王宫。但要造成这个美的天堂与王宫,当然先当造成它的根基及支挂的处所,如臀部与阴部各处,能充分发展,同时子宫也发展,活动,既可摇摆得与"龟头"处处紧凑,又可把精虫好好吸收。

说到臀部与阴部的发展,于易受孕外,又有比此更重要的,则在易于生产。胎儿成熟后自然要外出。但你想小小的阴道,怎能容得如许头颅与身躯。"自然"于此安排得女子的臀部与阴道,格外发展,于胎儿生产时,将臀骨盘放开以容胎儿出见世面,你想"自然"造成这样大臀部与阴部,岂是无意思吗?它直接是为产育,间接才为使男性去鉴赏,它的苦心是极苦了!而我们得此而极乐,这真奇妙的事呵。

女身构造,尚有别种妙处是为奶部的发达。请看图 2 的两个奶部所形成的两个曲线图。初从肩头而向胸前溜下到奶部弯成一混而曲的线形,再由奶部下边向肋边而上与手臂下侧部合成为半曲形,两端合拢起来,好似成了一个"太极图"有阳尽阴生与阴尽阳生互相剥复之妙,这真是大观了。妇人胸边原来有这样二个"大易道",一般卫道先生们怎样不把它提倡发表出来，乃偏要使妇女们束奶，而又要竭力去禁止裸体画呢！

奶部固然自成为局部曲线形之美。而因奶部的发展，同时胸部也发展，胸部宽大与臀阴部两头宽大，而其中间的腰虽不束缚，也已成为有过脉的姿势了。而且奶部大，当然前半身不免稍凸出与下半身阴户的凹入又遥遥成为曲线美了。

奶部发展，可以得到肺部发展的卫生与婴儿得到奶汁的养料，而我国风俗反将奶部压抑，遂使许多女子得到肺病而死，自己爱儿也因奶弱不能得到乳浆，至于美观的损失还是在外不算呢，我在《美的人生观》一书上，已先嚷破喉咙揭出这个不自然的恶俗了。她们不能因奶大是引起性念的祸胎，遂而把它摧残，也如阴户乃性欲之门，不能就此把它大阴唇、小阴唇铲去，与把"前庭球"割除。至于我们正因奶部发育，同时美观与卫生皆有获得，同时性趣，也浓厚的缘故，遂使我们看奶部更加一层为可珍贵之物了。

要之，裸体画的美处，就在能把女体的私处、臀部与奶部，及由此，全身种种的曲线描写得来，而裸体教育的要处，就在从这样标本，作为模型，缓缓养成这样的模型与达到我们在上说的美观、卫生，及性育与育婴的种种作用。

现在论及别种问题了。这是说

（2）裸体画与春宫图的分别

不必说如下头，晓江氏所画的四图乃是速写，对于"女阴"不过写意罢了，即如上头所举的图（2）由真的女体所照，其女阴不过表出"二条线相切"而已。故可说，裸体画的目的，全不在显明描写阴部。唯有解剖家与卫生家对于女阴有什么才写什么。至于艺术家所要写的女阴，有如上头所引圣叹所说的"他们费却无数笔墨，止为妙处，乃既至妙处，即笔墨都停……"其实，他们笔墨不停，他们不过留了意外笔墨使阅者自己去梦想与鉴赏！

简单说，裸体画的用意不在阴部，乃在全身。而春宫图，乃专一

《美的女体速写》序

在写阴阳具。尚不止此，裸体画乃写男体或女体的表情，不是如春宫图的写男女私处联合为一气，而其联合的作用又使人别有感触也。知此二点的大分别，而可知道裸体画的目的为美，为艺术，为卫生，而春宫图的作用为性欲冲动与房事兴趣。由此而知春宫图应当禁止公开，但不必禁止私家用，因为在闺房之内，他们男女所作的，完全是"一幅活春宫图"，为政者既不能禁止这样"活春画"而要禁止"死春画"这真是太无谓了。但对于裸体美当准其公开研究售卖，因为由此可以养成人民的美念与美身体，但当禁止其作"猥亵物"看，因为如此，恐人误把艺术品的裸体画变为春宫图。

于此有一事说来极奇怪，凡一地方上愈任人去把裸体画研究，则愈能把它进化为"神化"的图画，与真正的艺术品。而一地方上愈禁人去研究裸体画，结果，这个地方竟然无"神仙画"与艺术画，而只有春宫图，你如不信，我就拿出凭样来。

在昔希腊任人公开研究裸体画，结果他们画出了许多的神画来，如猎神、美神、爱神、酒神、山林水边的诸神、太阳与一切众星之神，皆是裸体的与艺术的裸体画。这个进化的事实，骤看起来真觉骇异，但细想下去，又见其中有至理。彼辈艺术家的欲望无穷尽的。他们初意不过想画一个美的人身就够了。但因常常如此画，画得讨厌了，不免求出一些新的材料来。又因他们要求美的观念无穷止，因人身之美而愈求其完美，结果这些新的而又为美的材料，非以神为对象不可了，非以神为对象，不能宣泄他们艺术家的梦想与美念，这样一来，我们由人体的鉴赏而走入神仙界的鉴赏了。神仙化的裸体画，使人对之，不但无邪念而且有正念敬念了。这是希腊人的聪明看得破裸体画结果处。

反视我国又何如也？我们素来看裸体画为春宫图一样，所以社会完全无裸体画这件事，结果，唯有春宫图的发达，不必说到历史上的某某人专以擅画春宫图著名，就如今日社会上尚有极多极多的春宫图。他们画得甚精细，极好的绢帛画上一幅一幅男女的裸体交合，不过十余幅有售至数十元之多。愈阔绰与愈讲道学之家，愈藏有这样的贵重珍品，所谓礼失而求诸野！谁知裸体画在公开方面的削减，正在暗中为春宫图助势呢！

这个结果，说来虽奇，但一考其原因；又觉势所必至，女体之美是一切美的美，任何大势力与怎样去抑制，但终不能禁止这个爱美天性的欲望。但因人们不能在正面宣泄这欲望，遂不免从暗中进行，由暗中进行遂不免出生春宫图的兜售了。因为"暗中"的进行，势非借这个最刺激人类的好奇心，不能得到相当潜势力的缘故。

诸位看到此已大明白未？提倡公开裸体的研究，结果则能得到神仙化的与艺术化的裸体画。抑制裸体公开的成绩，反而造出无穷的春宫图。请你们握有社会势力者去细细思虑吧，对于裸体的研究，听之公开，抑压制它到暗中去发展？

（3）由裸体画而说到裸体的益处

裸体画对于美术的贡献，及对于风俗的改革，尚有许多人知道，独对于裸体的影响，则知之者甚少，故我今特别拿出来讨论。我在拙著《美的人生观》上曾竭力提倡裸体，并附上裸体画四幅意在于借图画引起世人注意裸体的实行。可是这个不是要使人在大庭广众之中一丝不挂地出其翘然挺然以惊人，也不是献其光然凹然以诱人，这个但求于可能性中时时对于裸体加之意就够了。就以我个人说，平常极喜欢于夜间脱得赤条条地睡觉。但这个不是我发明，乃由我们北方人，最讲礼教的北方人所教给我的。裸睡好处，一言难尽：一，全身舒服；二，被褥贴得紧，热气格外多；三，可免费内衣裤钱。而尤为好者，则在夫妻合眠时终觉得两体处处接触得周密，虽然我常常喜欢独睡的酣甜。我想各人在他自己寝床内，自然自己有权去安排他自身，故虽在最黑暗的北方社会，礼教势力尚不能管及于被窝内，这可见裸体可实行于寝室了。又我尝在日本别府的观海寺山中，过了二月暑假，在客店里，常有数十男女赤裸裸地共浴于一温池。浴后彼此在池的四围常作一二时久的倾谈。我常戏说这是日本客店最好的客厅！以我个人说虽在此间不少见到美的女体，但习惯了，也不尝有丝毫动心,只有对于女体之美,常使我如观艺术品一样欣羡不置。可惜男女共浴之风不能行于我国,但望此后学校方面多筑学生公共浴池。社会方面也当多建群众公共浴池。德国市政对于此层的经营,最使我拜服。每个稍繁盛的地方,便有市立的公共浴池,使市民得在其中一气游泳及作种种水戏之乐。尤其使人人愉快者是欧美人士最喜欢于夏假,到海边去,利用其天然的"纱毡"栖息游艺于其中。每当风平浪静,碧蓝的海色与天光相映得和平无争。游泳的女人穿上半截游水衣,奶部几现出,阴部也隐约可见,和同穿相似游水衣的男子相竞于海波水光之中,笑声喧哗,甚嚣海上。浴罢,或浴前,男女尚保存着水衣的装束,在太阳之下晒曝他们的身体,这是一种半裸体的快乐,已经值得我们的艳羡了。但美中未免不足处,可惜他们不知利用夜间的行乐。苟能于月夜或星光之下,晚潮去后,风丝软眠,合起一些友朋,都是赤裸裸地,共同游泳于星海月波之下,既得享全身无束缚之乐,也可得到夜景的接触。若山居者于夏夜一丝不挂地游行于林木风露之下,其清心快志更有不可言者,然此"可与贤者道难与俗人言也"!

可是,毕竟欧人——尤其是法国人——比我们多享裸体的快乐。譬如法国女人所用的寝衣,下长仅及膝,上蔽才及奶,由二布条挂上肩膊,这不但使穿者得到愉快,而使同寝者也得到各种美感与诸事便当妥帖之乐。我尝仿其制而成"室衣一袭"长度及足部,好似长衣一样,不过下裙不开,以免行动时露腿。但一班造谣者,以为我不穿裤而现出下半截了。实则,我确实不穿裤,然就礼教说,我的不穿裤,比那班穿裤者更雅观。因穿裤者常不免使阳具隐约可见,而我穿这样的室衣,竟能使下腹与脚膝一气连接,常免使阳部生折痕以示众。可是,我穿这样的室衣,当然不是为礼教,乃为使内身得到无束缚的自由,由此在自己房内不裸体,而由这样衣制可得裸体的实利,此事极望一班造我谣者试一试。

凡一事乍见多怪,习见就不以为怪。这不但对于裸体一事为然。例如非洲及澳洲有许多民族裸体游行毫不介意,欧美妇女服装及跳舞装大开其胸而露其臂与膝部以为美。而我们的风俗则何如者，把美的奶部用内窄衣压束到平胸才为美丽！这样使女子变为男人，而使男人不会见奶部而冲动，虽算是礼教的成功。但其结果的恶劣则不堪言说，这不但是丑的，而且不卫生，女人因此不能行肺腹呼吸，仅能用肩式呼吸而因此多罹肺病而死亡。又压奶者常缺奶汁以养所生的子女，其影响于种族甚大。

凡女子之善审美者，当如欧美人的能善现其身体美的部分而掩其丑。奶部实为女体美的重要部分，应该表现出来。其不发育与下垂者应用方法使它挺起。又如臀部与阴部的发展，实在是美丽的，应当使这些部分隐约间能够表现出来。脚腿手臂皆当多露出以多见光线而使其"红化"。其太黄黑者略施粉红。总之，无论男女老少，当逐渐使全身裸体化，如夜里不穿衣裤，或改穿寝衣，如多海浴，或多行洗澡，如常穿我上所说的"室衣"，外出时多用短衣裳，女子则露臂赤颈，开胸等等，这些习惯的养成，我以为当从裸体画入手。使人多见裸体画，由多见而使裸体者不以为耻反以为美。其半裸者，与外衣而内实裸者，更不以为羞而以为荣了。

由裸体画而使人倾向于裸体化，这层功德已不浅了。而况裸体在美术更有大大的位置呢，我今继论凡要使全身的和谐表现出来势非用裸体画不可的大道理。

（4）由裸体画而得到真艺术

我国女子的束胸与重重紧缚身体的缘故，固然由于风俗，但底子确因不知裸体美是何事所致，凡人行为多受思想影响的，若使人先知道裸体之美，自然缓缓地去实行裸体了。故我今来说裸体画之美。举其要点可得数端：（一）"自然"。——人是赤裸裸而来的，末后因气候及风俗与为装饰才穿衣服。由此可知穿衣服者不是自然。若把他画出来，除面部外，余的皆是假的不是自然的了。世上岂有假装而成为艺术品吗？幸而各地的女子，面部尚无戴什么"面衣"，若如土耳其及亚拉伯妇人皆面戴一层极厚的面幕，那么在这种地方，断断不能产出美的女相，充其量不过画成一幅"黑幕图"而已。（二）"完全"。——面部固是表情的重要部分，但总不如把全体与面部一齐画出来为完善。同一名手，有如法国大雕刻家Rodin[1]他对于巴尔萨[2]的"面像"确能把这个大小说家的思想表出来。但不如他放在"国葬庙"前的"思想家"一个全体像的完美。因在这后像中，他不但把思想家面貌表现出来，并且把他的全部一种筋脉紧张、骨格玲珑以及血液起伏完全表现出来。譬如美人之所以美，不单是面部美就算了。假如面是西施而骨骼是无盐，那么，西施就失其大部分之美了。美人所以美最要的在其奶部的发展，臀部的丰满，与阴部的光润。凡具有美人之资格者，二个乳头、一粒脐心、一阴阜、一膝、一腿、一手、一趾，皆必具有美的态度。你想这美非从裸体怎样能完全表得出来。唯有裸体画之美，才能达到这样希望的，他能把英雄豪杰与夫名姬美女的全体精神，按住各分部表现出来，而使人由身体的全部而愈觉得他们面部之美。反之，由面部之美，而愈证明他们全体之美。（三）动情。——美之观念有一部分属于"性别的"。男子所以见得女子美，固由于美貌与美体，但底里意义仍然在于性念。反之，女子见得男子美处，也与性念大有关系。裸体画的美处就在使女子的女性，与男子的男性，完全能够表现出来。异性相吸，为自然的现象。凡对一物有所爱，虽不美也美，而况裸体确实是美，而又加之以爱，所以愈显得美了。爱与美是相成的，由美固能生出爱，但苟其美与人们无相关系，则虽美也常不能引起注意。俗夫野子，常常对天然的美景与各种名画不能感动，独对于女体则未尝不动声色，即是这个缘故。故同一样能逗起人的情感的艺术品，裸体的比别种较能引起同情。所以裸体画与雕刻比什么画与雕刻较近于艺术，因为艺术的目标，不外在逗起人的情感。（四）谐和。——裸体画的美处，在使全身中得到谐和的结果。大家已经知道

---

[1] 今译罗丹。
[2] 今译巴尔扎克。

《美的女体速写》序

女体的美全靠于曲线形。这整个的曲线形非把身体的各部连成一气不能表现此部与彼部的和谐。又如男子以直线美见称的，他的骨格着实与筋络坚韧，皆足以表示男性之美，但此也非用全身表示不可。总之裸体美自有它真正艺术的价值。它是自然的、完善的、和谐的，以及动情的，尤以动情一项为最特色。写到此应该写到下项作结束了。

（5）略论陈晓江氏女体速写的成绩与其影响

晓江氏在法国有一时候专攻女体速写，大概每幅的成就不过十余分钟，归国时尝带下百余幅，后选择可存者七十余幅。不幸他死后，散落之余，仅剩了现存的五十三幅，今已制为铜版，把其中的三十幅为第一集，先在北新书局出版。

他的成绩，本来有图可以证明，非因其人已死遂而铺张扬厉。今顺便登上四幅，阅者可以鉴赏这些画，幅幅皆精彩，而身身有个性在。我们对这些画，如见秋光明媚只觉周身爽快，并无半点尘埃粘染。而我最喜欢是这样速笔写，不事点缀，而真态毕现，这真是难能可贵了。

速写画与意笔画可以说是一路，陈氏固然独得速写的天才，但以我国画学渊源说，也与此有相关。我尝在北京大学听一外人讲画，他说中国以意笔擅长，如画衣服仅用三两笔即活现。而西人以自然画见胜。同一样衣服，在中国画仅数笔了之，在复兴时代的欧洲艺术家，用至千余笔。盖要细写其衣痕曲折，非如此繁密着墨不能得到相似处。由此看来，我国固有这样画法的渊源，遂能产出晓江氏这样人物来，也未可知。而我在此竭力介绍速写及意笔的意思有二：（一）希望我国一部分画家继续保存这样国粹，更望扩而大之，以为国画之光。今西人也有一班人喜欢研究这样意笔画了，这个更能助长我们学习这项画法的勇气。（二）以速写法与意笔来写裸体画更见可贵，因此，不必从私处费笔墨，而个中情状隐约间由阅者去领会。速写与意笔所要的为全体的姿势，故他可以不必对于面部与阴部多着墨，这个经济法正可以用全神眷注于全体。而因此使阅者注重于全身姿势，不致为局部所迷惑。

《美的女体速写》序

　　我们祝晓江氏在女体速写法的成功，我们由此希望我国由伊的成绩产生裸体的艺术。再由裸体的艺术，而养成鉴赏裸体美与实行裸体的风尚。由此既可免有春宫图怪肉麻的混卖，又免有束奶弯腰曲背的怪形象。兴！兴！兴！裸体诸神将从此降生于我国，而爱美，与快乐诸安格儿[1]当相继产生，这岂不值我们提倡与希望吗？

---

[1] angel 的音译，意为天使。

山格夫人来信[1]

张竞生

"制育制育"的口号,自山格夫人去后又匿迹销声了,伊这封信使我们把她从新记起,故我认它有公开的必要。现把原信译下:

亲爱的同志们:

您于制育问题既已具有兴趣了,当然欢喜知道"新马尔斯[2]及制育的国际会"将于一九二五年三月二十六至三十一日在纽约城开第六次会议。这是第一次在美国聚合全世界人对于"制育大纲"的讨论。

"美国制育社"愿意担任此项会议的费用。换句话说,我们是东道主。您肯帮助我们使这个会议的成绩影响到全世界,并分任一部分的经费么?

在此次会议中主要的讨论拟有三项:

一、人口过剩为战争最大缘因之一。

二、公众的康宁与制育。

三、优种学与种族的进化。

---

[1] 本文原刊 1925 年 2 月 3 日《京报副刊》。山格夫人(Margaret Sanger,1879—1966),亦译山额夫人、桑格夫人、珊格尔夫人等。曾于 1922 年、1936 年两度来华。1922 年,时任美国节育联盟主席的山格夫人来华,4 月 19 日应胡适之邀到北大演讲,讲题为《生育制裁的什么与怎样》,由胡适作翻译,张竞生陪同。

[2] 今译马尔萨斯。

自前次在伦敦会议后,制育主义在各地方已有极惊人的进步了。但我们现在需要一种各方面集中的信仰,以便提出于世界各政治家之前。……

玛格烈·山格

竞生译此信后,竟引起了无穷的感想。

感想山格夫人来中国后,也无生出极大的影响。感想我国大政治家孙中山先生眼看各强国人口的增加,遂提倡我国人口应当增多以相抵制。他更不知一国的强盛不在人口多少的道理。这也是智者千虑的一失!感想我国人只会生不能养,以致多生多死。幸而不死,其小孩也无得到人生的乐趣与相当的教育。试看满处都是一班无灵魂的"活死人",如此国民,虽多亦奚以为!感想人口过多的国家,断不能得到好好的教养。感想我们是抱"绝后为大"的观念的。不意二月前更得了一个可爱的小孩。而因此,物质的损失已不少,精神的牺牲更不堪计算。而今后愈知生尚小事,养与教实为更大问题。感想制育主义向男人与富户去宣传,不如向女子及贫家去进行更有效力。男子以多射精为快乐的,女子不能单有这样便宜,尚须有孕产的吃亏。富户于小孩生后,尽有奶妈女佣的服伺,贫家则要自己管小孩,并且因小孩的饥饿免不了生出许多精神上的痛苦。感想制育实施的方法,与器具、药品的筹备及性教育等的训练,比许多大枝叶的制育理论更较重要。感想我不幸生为男子,又不幸生在这个喜欢多子的国度,更不幸生在这个百无组织的社会,以致我数年前比山格夫人先在中国提倡的制育方法,更因用心不专、进行不力、国人的观念太坏、社会的响应太劣,终至于失败了!感想我为经济及时间所限,不能到纽约去赴会,把我国不称职的父母的怪形丑态报告于全世界人之前,以便后来救济超生许多可怜的小孩与国民!

感想!感想!这些无聊赖的感想,要它何用!更不如把它压伏下去,让我把许多好希望提出来与诸君一谈吧。我第一希望开了一个

"限制人口的国际会议",把各国人口限制成有一定的数目。我第二希望每国应有"限制人口局"专门管理制育的事务。我第三希望政府如不能管理此事,应当任人民完全自由施行,不可有丝毫的干涉。我第四希望各地"制育社"应当从速成立,把制育的理论与实施的方法,传播到一切人间去。我第五希望各人各当努力做去,不可专倚靠政府及会社。我第六希望,这是最大的希望!希望人人当看制育是人生最重要的一种"艺术方法"。禽兽及野蛮人无此艺术方法,所以为性欲制了死命。进化的人们既有了这个艺术方法,则生育不会过多,其结果,女子们既因此免为生产及养育所拖累,自然多保了几年美丽的身体、快乐的生命、趣味的生活;男子们既免为子女所负累,自然减少了生计的困扼,因此而可多得了妻儿的快乐、家庭的幸福和精神的愉快。我第七希望人力可以胜天功!食与色是大快乐与大苦恼的因由,但从制育方法做去,我们可以免却或减少被食与色所苦恼,而得到它们快乐方面的享用。我第八希望本年纽约城的国际制育大会我国方面应有许多热心家踊跃前往,或由我国在美留学生就近出席。我更希望女界注意大注意,多多去赴会,看制育是自己的事,勉力做成一个中国的山格夫人。

我尚有许多希望盘旋脑力不能表现出来。我姑拟成一结总结的希望:即希望上头所说的希望——见诸实行。

十四年一月二十七日,北京

再谈制育[1]

张竞生

我对于本月五号《京报副刊》硇硇君的论文《制育的理论与实际》多半是赞同的，但尚有些话应说一说。

制育不是绝育，字义显然有别。假使每对夫妻终身仅生了二三个小孩，尚不是多育，尚是在制育的范围。由是而论，山格夫人纵在去年添了一个小孩，尚未超过"三个"的数目，尚可高挂制育的招牌。（假定三个小孩为一对夫妻延续人种限度。）乃竟因此"惹得美国舆论大哗"，适足以证明美国人不知制育是什么意义而已。前时有些人对我制育的提倡，也误认它便是绝育。实则许多制育家，同时也是喜欢小孩子的人，我个人即是这个例。因为太喜欢小孩子了，所以怕他们不能受相当的教养及妨害了他们的母亲，所以想出这个制育的方法来。

至于"我们二人"感身世的飘零，悲国家的沉沦，顾念前途渺渺茫茫，自身尚不知何所依托，为子息成立计，自然愈觉仓惶无主，故不得不想出一个比制育更进一步的"绝育方法"了。"不意二月前竟得了一个可爱的小孩"。（前文"更"字是"竟"字之误。此外尚有些错字。）或因此说我的绝育主义失败则可，若说我的制育主义失败么，则我不能承认。我这"一次"偶然失败，不过把我的绝育主义变为制育主义而已。倘这样的偶然不会超过三次，我尚敢高高地挂起了制育的招牌。

凡做一事，个人固当努力，但社会的阻碍实使个人不能成功的大原

---

[1] 本文原刊1925年2月9日《京报副刊》。

因。我们在中国提倡制育以至于失败,在个人固当负责,但是社会方面也不能辞其咎。我于山格夫人去后,尝向各方面进行组织一个制育社。结果,大多数人——连医生在内——都存了一个冷笑的态度。因为社会的响应太劣了,以致研究与实行的人太少。研究者少,所以制育的学理不能多所发明。实行人少,遂致不能多合同志自行筹备各种避孕的药品与器具。例如以"Wife's Friend"说,现时每打在市上卖至一元余,贫家自然不能常买。若由自家制造,每打原料不过铜元数枚即够了。他如关于制育的洗具多么奇贵,与房间的设备多么困难,这些缺点,使我们制育不能得到很好的成绩,不能说不是社会应负的罪过了。

明白这层,可以知道"床笫间事"的失败,确有许多受了社会的恶影响。其次才是个人的负责。但就个人的负责说,尚有许多可原谅的地方。制育一事依我看来终是一种"艺术方法"。艺术方法固当以科学为根据,如我们由科学眼光去判断用何方法就能灭绝精虫及使其不能入子宫口。可是,怎样才能使精虫灭绝及使其不能入子宫口,全靠实行者一时的兴趣及意志到什么界限,及预防的手段到什么程度。况且做这件事多是在神疲兴尽之后,这样的艺术家自然更易疏忽而失败了。但正因这样艺术方法可成功可失败,愈使我们对它有兴趣。此中成败虽不免听诸偶然,但尽心力而为之,其偶然数总不会过大。"世间诚有偶然事,岂有偶然又偶然",凡肯制育者多用了避孕的方法,虽有时偶然生育,其终身结果总不会超过所预期的数目,比不制育时的必然生育数终是较少,这个即是达到制育的目的了。故我们断不因一次偶然的失败而灰心。希望砲砲君与因偶然失败的同志们也不会就此而丧气吧。

论及我个人的奢望,实在不想做制育的专家。制育不过是社会上应提倡的一事罢了。若要造成一个好社会,尚须把许多事情同时改革才可。私心所希望者,在我《美的社会组织法》一书上,把制育及许多社会问题作一较有系统的研究,或者将来在《京报副刊》上与诸君再有讨论的机会。

附

制育的理论与实际[1]

砲砲

诚然生育节制在中国有提倡的必要，但是我们不求在实际上讨论该是多么无用哩。张竞生先生是在山格夫人之先在中国提倡制育的，他又希望各人各努力做去的，我想国人的观念纵然太坏，社会的响应纵然太劣，总也干涉不到竞生先生床第之间罢；何竟"不意二月前更得了一个可爱的小孩"呢？以竞生先生和他现在的夫人是抱"绝后为大"的观念的人，尚至于此，我们也可以恍然悟为什么自山格夫人去后，制育制育的口号又匿迹销声了。（作者按：张先生底《山格夫人来信》文中，有一个感想说："感想我们是抱'绝后为大'的观念的。不意二月前更得了一个可爱的小孩。"——此"我们"二字，作者妄以为是指他自己和二月前那位替他生一个小孩的太太，姑称之为"他现在的夫人"。倘若是我未看懂，还得请记者先生指教。）

又我在半年以前，听朋友谈起，山格夫人竟然在春天（一九二四的春天）添了一个可爱的小孩子，惹得美国舆论大哗。那位朋友笑着道："这样一来，山格夫人的制育招牌，恐怕挂不起来了！"记得当时我还替山格夫人辩护一下，说："不然，也许这是山格夫人愿意添的。于此更可表示制育方法有爱育便育，不爱育便不育之能效哩。"我看了山格夫人的来信，也使我把它重新记起。只不知这事确不确，我也没有工夫去查检，不过姑妄听之姑妄言之罢了。

---

[1] 本文原刊1925年2月5日《京报副刊》。

但有一件事却是真实的,作者和自己的夫人也是信赖着制育方法而结婚的哟,谁知因为一次的不留心,也竟使呱呱的在抱了。因感想到这种事情,信赖是信赖,实行仍是实行,光有信赖是靠不住的。与其空论制育如何要紧,实不如研究如何易于实行,如何不感痛苦,如何不至于粗心,如何不至于失败,之为得了。

说老实话,中国是实验主义最发达的国家,越是知识不高的人,抱着"见利迩,收效速"的观念越强,知识阶级也不免如此。凡事不合"利迩效速"原则的,中国人最聪明不过,简直不去睬它,谁又耐烦去反对?试问两年前的北京生育节制研究会,不就这样匿迹销声的吗?何尝受有社会之劣响应呢?

希望有人出席"美国制育社"去讨论那弭战、公众康宁与优种学种种大题目,固也应该;然而张竞生先生如果真愿继续提倡制育方法,最好多用点心,多尽点力,在实际上研究研究。或更求之于科学,将来若能著一本尽善的制育方法书来,那一定比他那《美的人生观》更多受人欢迎些!

二月三日

节育难关及其解决方法[1]

张竞生

十余年前山额夫人到北平演讲时，余忝为介绍之一人，夫人去后在我国效果并不大。她在日本，宣传品且被没收，并不许公开讲演，夫人此番重来，在香港已受欢迎。上海又准备热烈欢迎，或许此次成绩较好。可是节育几种难关仍然存在，如不解决，又恐她此次来东方仍是白走一遭，余今写出来研究，适余几日内须离上海，算为向夫人作见面礼，并为欢迎夫人者做一种参考资料。

第一，节育之难关在不能群众化。智识分子之节育，于优种甚危险，群众如猪狗般之多生，充塞了社会无养无教的劣等民族，而所谓的智识界者本来可望生出多少好后裔，但偏偏不肯多生，终于好种被劣种所占据。这是节育者之罪过，也是反对节育者所借为口实。要打破此层难关，最好，就是智识分子尽量多生育！当然以其母体与经济而决定——而富裕之人更宜多生。十余年前遇到汪精卫先生时，他说："你的主张少生是极好的，可惜我一触即有。"我说："如你辈虽多生几十个小孩也不怕的。"即山额夫人自己也生了几位小孩，我们希望一班有教养能力者多生小孩，而希望一班贫穷者少生。于优种者甚有益，于贫民也极有益。但怎样使贫民少生，这比要使富者与智识界多生为更难解决的问题，向群众作了普遍的宣传，与节育药品及器具之便利供给，这些都是极紧要，但是不容易做到的。当我前在北平

---

[1] 本文原刊1936年3月22日《南洋商报》。

时有一位美国教士向我说愿筹十万元向北平贫民作节育之运动。我那时别有心思，不愿进行此项工作。他因无助力，遂也作罢。我今提及此事，不过使人知道要向群众作节育之实际运动，需要多量之节育药品与器具，此非有巨款不可。试问此项巨款怎样筹给？在我国这样经济之下，根本就不能做到。唯有一法，就是先筹一笔款，制造大量的节育品，以极便宜的价钱，卖给群众，以后继续大批大批之制造。

第二，又说到节育方法，并不是容易的开头，节制生育的方法不外（一）自制，（二）消灭生殖机能，（三）用药品与器具。先说自制的方法，为山额夫人所不大赞同。但我以为"有时间性的自制"（即完全不接触），是极应提倡的，诚然，当其冲动时那一倏之妙趣，固非自制所能奏效。勉强为之大有妨害于身心。可是夫妇之间，常居一处，于一月内之若干日中——最好尤其是于所谓受孕期之十余日中，彼此自制，使得于精神上更加亲爱，而于康健上更加坚固，也即是预备于亲炙肉体之期间，更加乐趣，这种有时间性的自制，原极有利益的。

其次，说到消灭生殖机能，如阉割，或用 X 光，或用缚束等手续，除特别情状之下，我们极不赞同的。因为此种手续可使受者之身心变态。末了，节育而用药品及器具本是极好的，但无统制与大量之制造，则药费甚多，尤不是贫苦的群众所能购得起。故以后要望节育之有功效，应使当事人多行自制的功夫，以增加精神肉体上之快感，于不能自制时则用节育之药品及器具以济其穷，这是身心并进节育之最好方法，药品及器具之用法仍须有详细的科学及艺术方法。

第三，节育运动，最好当得政府之帮助，此事在东方极难办得到，日本政府便是反对这个，他们满望每年一百万之余民可以向外发展，故山额夫人此次想到日本去，恐怕仍然碰到一鼻子灰，要向我国政府求助呢，机会还是太早，今后，我国此项运动仍然的由社会主持，但五分钟的热心与乏款的艰难，我恐山额夫人此次的成绩，还是如先一样，不过临时多了几个演说，组织几个会社，市场上多卖几包药料，而于真正的节育，尤其是群众的节育仍然不见有何效果！

可是，这也不用灰心，来一次总多一次好的，祝望山额夫人再来几次，或者有一日得了普遍的收获。

> 按：张竞生先生于民国十年从法国回汕头时，曾向陈炯明（时为粤省长）条陈节育之方法，曾说如生过三子而不能教养时，即以犯罪论，应当科以罚款，或监禁，致陈认为有神经病者之言论，其后在汕头报纸屡次登载此项学说，致起社会一部分守旧者之反对，然在中国提倡此种论说者，张先生似当为第一人云。

三点声明[1]

张竞生

慨士先生在《新女性》三月号内评及拙著《美的人生观》,盛意应谢。但我也有三点的声明。

第一应声明的,"神交"之评,慨君所说的与前周作人先生的相似,我既已在本书序文上答复,现在似无重赘的必要了。可是尚有二事的补足:(1)不才学识窄狭,当草本书时,所谓夜摩天、他化自在天等旧说,并未闻见。实则,我写我"自己天"而已。这个"自己天"竟与《如起世经》的诸天相合,真是出我"意表之外"了。但自问不敢掠人之美为己有,更不敢如慨君所说:"换了一副面孔说出来罢了!"(2)在本书上,我随处留意"灵肉一致",一面神交,一面自然可以交媾,不过我想泄精愈少愈好,而要于不泄精中得到性欲的满足,我想唯有用我的"神交法"而已。

第二点的声明:新优种学,即是以"胎儿本位",及"肉体根本"为出发点,与旧的以精虫卵珠及精神的遗传性不相同,所以我说旧的(即Galton派)为有神秘性。至于我的优种学,乃是遗传与环境,精神与物质一致进行。我并无反对遗传,不过我看"遗传仅在形体,而不在其精神,仅在其行为的倾向,而不在思想的前定"(同书五十五页)。精虫卵珠,也不过一种肉体,合成为胎儿,与胎儿期所得于母亲的物质聚起来,就叫做"先天"。这样先天的解释,才避免了神秘

---

[1] 本文原刊1926年《新女性》第1卷第4期。

性。究竟，"生命"是什么？我将于拙著《美与男女关系》说及，同时也希望能够解释些优种的道理和方法。

第三点的声明：避孕法虽有数十种，但都是全靠人的艺术方法去应付，才有效力。我在《美的人生观》第二版上说明"用海绵球浸些薄醋"，当男子觉得将射精时才放入阴道，如此，海绵纵有孔，精虫被醋所困也无能为力了。自然海绵球以其质软及孔密者为佳，合赘于此。

匆匆答复，诸多不备，至希慨君宽谅。

三月五日北京

附

什么是"神交"：评《美的人生观》

慨 士

张竞生博士所著的《美的人生观》，出版得已经很长久了，而且我已早经得着这本书；但是惭愧得很，我全然不能运用"内食法"，不能够一个时期不吃东西而"得到精神上极大的出息"，因此终日为了糊口事忙，竟无暇来读书，以致急想一读的《美的人生观》，也竟搁置数个月之久，不曾翻开来一看。近日幸而稍闲，自然首先就去读那本书了；然而又不禁使我很惭愧，我对于书中有许多地方，发生不少疑问。

《美的人生观》中最使我疑惑的自然是所谓"神交法"了。张先生把美的性欲满足分做两级：一曰"意通"，又一曰"情玩"，两者统名之曰"神交"。所谓"意通"也者，据说"即是于亲爱的人相与间不用肉体的亲藉即能满足性欲的快乐"。所谓情玩，则于男女只用游戏、玩耍、亲吻、抱腰、握乳而得性欲的满足,却都避免交媾。按张先生之所以主张这种"神交法"的理由,说:"是因为泄精乃是一无所谓的事情,泄一次精则神疲气衰,愈多泄精则或至于病瘵而死亡。"而一方面又可以保存"清白身"。张先生又说明神交法的益处道:"我今所提倡的'神交法'即与这样泄精立于反对的地位,它是用力少而收效大的。它所及的范围甚广而时间甚长的。"这便是张先生提倡神交法的重要理由。

照这样看来,张先生并不反对"满足性欲的快乐",不但不反对,实更进一步,要获得比普通加倍的快乐,故有这种神交法的提倡。然由我们凡人看来,这种道理非常玄虚,不合科学和实际,我所以发生疑惑者即由于此。今且先说"意通",据张先生说,"妙眼相溜,笑容相迎,神色上相互慰藉,这些快乐都是无穷尽的……这样'意通'不止限定于人类,因为它无物质上的限制,凡遇可以神交的物都可以用的。"但据我看来,这些快乐并不是"即是满足性欲的快乐"。虽然有一派心理学者说一切快乐都基础于性欲的快乐,但不过"基础"而已,并不是一切快乐便都是满足性欲的快乐,正如艺术的创造虽也说和性欲不无关系,然而我们绝不能见有一画家在那里作画而说他在那里发泄性欲;同样,素琴一二张虽可以调出万端情愫,素画一张虽含有无限浓情,但鉴赏者也不能说因此满足了性欲的快乐。故张先生如说两性间的快乐应当注意精神上的相互慰藉(仍须依据人性的科学立论),我是能够懂得的,今说可以无物质上的限制,只要用"意通"的法子,能得到满足性欲的快乐,未免太飘缈玄虚了吧!

至于"情玩",从医学上考察起来,更是有害的办法,据张先生说:"以接吻说,热烈烈的嘴唇互相接触后,其电力直透于生殖器。"又说明握乳的好处道:"乳部的神经与生殖器的原是互相关联,若温柔的手心安贴在乳部上,有时所享受的情感,更不是交媾所能及了。"张先生既主张刺激到生殖器的神经以取快乐,而一方面却须避免交媾,"清白身"固然保守住了,快乐或者也得到了,无奈于生理上有害何！——其害或者更甚于"无谓的泄精"——这种方法我以为只有超人可行，对于实际的人生是不可行的。

张先生的所以有这样的主张，原因是在视泄精为"无谓的事情，泄一次精则神疲气衰……"而来的，已说明于前。对于这一点，我有一点意见要想说明。我虽然没有这样深邃的学力，能够把一切人生的各种活动来立一个表，说哪几种生理作用是"无谓"的，又哪几种是有谓的，我只觉得泄精也是一种生理作用，从医家的记录上可以看出，成熟的男子大多数都有过"夜梦遗精"的事实，可以证明这是一种自然的作用无疑。所以若不在病态之下，泄一次精并不至于如张先生所说的"神疲气衰"，而极端禁欲的人，却往往会呈精神不健全的现象的，何况一方面避免交媾，一方面加以接吻、握乳的刺激呢？房事过度也许会病瘵或死亡，但这是别一问题，在俗人的眼里看来，决不能因此就得用"意通"或"情玩"的来代替。正如食物过量也许会生病或死亡，然我们能因此便设法避免吃食么？

我前虽说惭愧不能充分了解张先生"神交法"的主张，但一方面却很侥幸，承我的朋友奚明君的指示：张君的主张避免交媾而从别的方法取得满足性欲的快乐，实和夜摩天执手成欲、他化自在天共语成欲的思想有点相似，不过换了一副面孔说出来罢了。奚明君又翻开《法苑珠林》卷三"三界篇"（诸天之余）婚礼部一段给我看，现在就抄在下面，以便比较：

> 《如起世经》云："余三天下，悉有男女婚嫁之法，郁单越人无我我所，树枝若垂，男女便合，无复婚嫁。诸龙、金翅鸟、阿修罗等，皆有婚嫁，男女法式，略如人间。六欲诸天及以魔天，皆有嫁娶，略说如前。从此以上，所有诸天，不复婚嫁，以无男女异故。四天下人，若行欲时，二根相到，流出不净。一切诸龙、金翅鸟等，若行欲时，二根相到，但出风气，即得畅适，无有不净。三十三天，行欲之时，根到畅适，亦出风气，

如前龙鸟无异。夜摩天执手成欲，兜率陀天忆念成欲，化乐天熟视成欲，他化自在天共语成欲，魔身诸天，相看成欲，并得畅适，成其欲事。"

又《立世论》云："四天王天，若索天女，女家许已，乃得迎接，或货或买。欲界诸天，亦复如是。阎浮提人，及余三洲，四天王天，叨利天等，要须和合成欲。夜摩天相抱为欲，兜率天执手为欲，化乐天共笑为欲，他化天相视为欲。西瞿耶尼人，受诸欲乐，两倍胜于阎浮提人。如是展转，乃至他化自在天，受欲两倍胜于化乐天。余四洲人，并有恶食者，有胎长者。四天王天，处诸女天等，无有恶食，无有胎长者。亦不生儿，亦不抱儿。男女生时，或于膝上，或于眠处，皆得生儿。若于女处者，天女作意，此是我儿。天男亦言，此是我儿，则唯一父一母。若于父膝眠处者，唯有一父，而诸妻妾，皆得为母。亦有修行，至死无欲，四天王天生欲事无量无数。亦有修行，至死无欲。一切欲界诸天亦尔。凡一切女人，以触为乐。一切男子，不净出时，以此为乐。欲界诸天，泄气为乐。"

此外，《美的人生观》上如论"新优种学"一节说是须从胎儿的身体上做起，而不从遗传学上立论，这也很新奇。一般的惯用所谓优种学或优生学一语和西文 eugenics 一字相当，和这相对的还有"优境学"，是主张改善生活环境已代优种学的"择种留良"的手段的。今张先生既称优种学。当然是 eugenics。然而一方面主张从胎儿有充分的食品等为唯一手段，则又分明是优境学的办法；又说这种物质的影响于胎儿是"先天的"，这话也和现代科学的意见相反。现代科学对于个体的性质自遗传得来的认为"先天的"，受精后受环境的影响所得的结果为"后天的"，今张先生说只要用"新的胎教"的方法能使胎儿变成"先天的"优种，我不知有什么根据。张先生斥旧优种学为带有玄学的神秘色彩。据我所知，优种思想起于柏拉图，其次康配纳拉（Campanella）[1]的 *Civitas Solis* 里也有这种主张，最后戈尔顿（Galton）乃确定了这个名词和范围，在我看起来一点也不神秘，不知张先生视为玄学的是哪种旧的优种学？

又张先生说避孕的方法最好是用海绵球遮子宫口，及射精后用温水洗涤腔内，殊不知道海绵有孔很多，决不能遮住精虫的，所以近来医生又主张用子宫栓，但也不见妥当。至于射精后的洗涤法固然可用，但不知性交终了后，神经由紧张而归弛缓，凡是健全的男女，这时无不就想入睡；这不必引据科学上的证据，只要有过结婚经验的人都知道的。虽然洗涤腔道的方法并不繁难，但在这个时候却成为困难的工作，尤其足以减杀美感的方法。

一九二六，一月一日

---

[1] 今译托马斯·康帕内拉（Tommas Campanella，1568—1639），意大利文艺复兴时期哲学家、作家，1622年在狱中写成《太阳城》(*Civitas Solis*)一书。

怎样使性欲最发展——与其利益[1]

张竞生

现在上海市所卖的"生殖灵",就其广告所吹,所谓半百老翁阳事不举,服此灵后就觉勃勃要试呵!又所谓婆娑老媪,色念已衰,服此灵后,就要抓破床屏,使他半百老翁如俗话所说的老猴子终夜藏在破鼓内不敢出的!

我未尝试服此灵不知这灵怎样效力,但据我所知道者,凡一切房药皆是神经兴奋剂。不管它什么灵什么药,大概不过如烟酒一类东西,未习惯者一经服后自觉生机勃勃有飘飘然要去之意。但这类兴奋东西,只可取效一时,药性发后,就觉比前衰疲。故劝你们对一切"房药"皆不可用,无论外服内服都使性官迟钝,都使他如吸鸦片之人一样,非吸不过瘾,吸后愈觉其不济事,弄到那时,不是我们性官快乐,乃为药品过瘾,不但我们对不住性官,并且把我们与对手人身体弄成衰弱,精神变成疲敝,那时,悔之太晚了。

我今来贡献你们一个使性欲最发展之方法,比服什么灵药都好,它不但使性欲发展而且把身体与精神皆得到好处。这个方法应分几层来讲:

第一,食物当然为先着,应食滋养料的物品,尤当多食耐消化的滋养料,如上海的豆芽菜与粗饭,兼些肥肉类的东西。但切不可多食肉类,多食则全身变为脂肪质的胖子。你们知道太胖的人,身体不好

---

[1] 本文原刊1927年1月《新文化》创刊号。原题注有"在上海国民大学演讲"。

而且房事极不济,他们如猪一样喜欢睡眠,一到床中就呼呼然,这真使他的同眠人难堪哪!

第二,食这些较难消化之物后,最要在多运动,一切运动法都好,并当注意于阴部与臀部之运动。运动后当把全身,尤其是性官部分洗得极干净。最好是冷水浴,浴后把全身,尤当注意于性官部分擦得极热。若能多踢球,多赛跑,最好是游泳,能在冷天时游泳,更使性官强健,骑马乘自由车者更能使阴部发展。

第三,新近为我所发明者就在腹式呼吸、丹田呼吸及性部呼吸,与性官强健和灵动有密切关系。我今特将此法详细些说出来。

(甲)先说腹式呼吸法吧。这个方法,日本修养家已有专功而收极大的效果。通常呼吸,当然是"肺脏,"但可惜一班读书人及一班束奶的妇人,他们是不会行肺呼吸,只会行"肩式呼吸"以致肺脏积气不能泄出于外,新鲜空气不能吸入于内,遂成为肺病而死,或幸而不死,也不免成为面黄身瘦的肺病可能性者!

"腹式呼吸"的功效,当然比肩式与肺部呼吸为高。它不但把肺部运动而使人免成肺病,并且能把肠伸缩。据医学所统计凡人死于肠病者实居多数。肠为积存肮脏物之所,每立方寸的大肠中有无穷的恶毒微生物。今能使肠多运动则自然能抵抗此中微生物的袭击。此外,又有一事为彼日本养生家及世人所不知道者,则因腹式呼吸,同时能使性官强壮,性欲发展。此中理由是腹式呼吸乃达到性部呼吸不可少的路径。先达到这层,后二端的呼吸法就连带而达到了。

(乙)"丹田"为居于脐下及男女阴阜上的位置。我国道士和尚们最讲究修炼丹田。得其道者固可制育养生。如不得法,则不免如妙玉的坐禅反致走火入魔。因为丹田修炼,气贯性部,操纵不灵,难免欲火旺盛,以致突发性狂。可是,这全因功夫不由粗浅而进的过失。若从我们腹式呼吸修养之后,自能操纵欲火以遂人愿。

(丙)第三种的性部呼吸,不必说它与性欲发展上有直接关系。

通常人们不能擅长房事者因他性官太衰弱以致一触即发，一发即不可收拾。所谓阴痿诸病皆坐此故。若把性部得由个人意志去操纵，要它久战则久战，要它休兵则休兵。有兴时则交锋，无意时则作各种"情玩"的事情就能满意，如摩乳、亲吻、拥抱，以至于调情谐谑，尽够达到性欲的满足，而不用于泄精。凡能使性部呼吸者，自然能操纵它而不为它所操纵。如此，自然不以射精为独一快乐。它的最快乐处在能把精变为别种作用。

诸君必以为腹式呼吸有日本人做到，自然不生怀疑，丹田呼吸，因其去腹部仅一间，而且有一班道士及和尚们试验过，自然也可相信，独对于性部呼吸一项，未免说得荒唐。我想必有许多人作此想头，今于下头略举诸例以证我说：（1）有熊某先生者能把他的阳具吸入若干高粱酒。（2）又据蔼理思《性心理》所得安南的确实报告者，此地男人阳具甚小，全靠女阴吸力缓缓将阳具吸入作事。由此二例说来，性部呼吸本是常事，可惜人们无用功夫去练习。

诸君到此又必以为这样性部呼吸虽属可能，但必下一番特别功夫，或一班特出人物，才能做到，其实大大不然。若有人下手就要从性部呼吸，未免如登天之难，而且这个局部的锻炼，每每有伤害于身体。但如我们一步一步的功夫做去，则觉得极易于达到。

这个一步一步循序而进的功夫，即先用腹式呼吸，次用丹田呼吸，末了，方用性部呼吸。如此步步皆做得到了。因为腹式呼吸乃极易于实行者，只要于空气清洁地方，挺胸直立，头略向上，口闭而用鼻缓缓极力吐出，吐到腹极度凹入时才止，接续就缓缓地吸入，吸到胸腹充分膨胀时才休。如此继续呼之吸之，初时每日二三次，逐渐增加到五六次，以至十几次与若干次。经过这样"深而且长的腹式呼吸"若干月后。就可改站立为坐势。但我们所谓坐，完全与"静坐式"不相同。我们于坐时，仍然要动，即用全力向住丹田部位呼吸。此时当常常用手按住丹田。于呼气出时则用手压迫此部位。于呼气入时则把此部位的皮肉提起。如此每日练习若干次的呼吸，继续至若干月之久，于是可以习练性部呼吸了。

用性部呼吸时，最好是将身平面卧于床上，用手如上法于呼时压住性部，于吸时提起性部的皮肉，同时而使双脚向上助势，每当呼出气时，则将双脚与臀部提起，于吸入气时则将其放下伸直。如此每日若干次，继续若干月或若干年之后而大功告成矣。

告成之后其利益可得而言者：（1）血脉流通，（2）身体壮健，（3）性官着实，（4）精神奋焕。其实这些皆有一贯的关系。

人类最紧要的是血脉的流通。血脉流通，自然身体壮健，血脉流通与身体壮健了，未有性官不着实者。以上三项一经达到，又未有不精神奋发。我有一故友，身体本来不甚壮健，及彼采用腹式呼吸及丹田呼吸后，现则当他腹胀起时不怕拳打，且能抵住一二百斤重物放在腹上。他双手热烈极有电气。他告诉我凡女子被他执手者都皆现出一种震动样子。他尝与女子交媾，每夜连战至四点钟之久，虽使女子丢了二十次第三种水，而彼且可不丢精。他仅得力于腹式及丹田呼吸已能到此地步。若使有人能够再用力于性部呼吸，其收效当然更能使人惊异到极点！

说到精神奋发一层，更关紧要。凡性欲不发展的人们，其精神甚萎靡，因为精神所以奋发全靠一种内分泌叫做"荷孟"者在神经系散布的缘故。但这种"荷孟"与性器有相关系。凡性官发展的，荷孟液也愈多，故凡能把性官锻炼到强健，同时也能得到荷孟液的盛旺，同时自然精神兴奋。一切动物于交媾时期，发出种种求偶歌声，与美丽的毛羽，皆是这样的结果。

可是，性官强健了，苟不能善用，势必至于一日弄到身体衰弱，我今乘此来说一说利用性欲的最好方法。

这个惟有使"情人制"与"交媾制"并行不悖。这是说一面使情人愈多愈好，多而至于无穷数更好。但情人不是为交媾，乃专为情玩与"神交"的作用，而使他对情人垂涎三尺，但不能一点得到交媾的机会，由此性器官充分兴奋。可是这又不是禁精之谓。于此无数情人之中，唯有一个可以交媾，凡交媾之人当然愈少愈好，最好是以一人为限。这样既可发泄其性欲，而又有相当的限制。如此办法由无数情人的"神交"如亲吻摩奶，相抱互谑，凡一切两性间快乐除交媾之事外，应有尽有，这样当然使性欲充分发展。而交媾仅有一人，一边可以得到性欲的发泄而免如犯了周作人先生所疑虑的触觉色情病。但一边因为仅与一个情人交媾，则无数情人的情爱皆全注在此人一身发泄，这样则名虽与此一个人交合，爱情不但不会减少，而且增高到好似无数的情人皆结晶在此人一身一样。

此外，交媾次数当然愈少愈好，房术当然要讲求得美妙。因时间关系，此二层恕不在此说了。

现在应当说及性欲发展的好处作为结束。性欲发展的好处，一如我们在上边所说，因为它是身体壮健，及精神奋发的表示。此外它又为情爱的源泉。有一派人干脆说男女情爱不过性欲的一种表示而已。这虽不免稍偏一点，但性欲发展之人，同时，确实也是富于情感之人。再者，性欲发展之人同时也富足诗性及创造性之人。他对于事物总有十分亲切的领会，不是如无情感者的对付一切事物皆是讨厌与望望然而去也。自来一切诗人、文学家、艺术家，大都是富于性欲之人呵！末了，凡性欲发展之人，同时也是勇于改革与建设社会一切事业之人，自来一班大政治家、大军事家、大社会家等皆是富于性欲之人。

而尤为我人所不知道者，就在凡性欲发展之人，同时却能节欲。因为性欲发展之人，身体必然壮健，精神必然刚强，性官又是着实坚固，这样的人自然能够节制性欲不至于滥用。你不看见一班身体衰弱之人最是易犯淫病吗？这个反证更足以证明身体强健者必然能节欲。况且我们又给了这样人那些美妙的性欲方法，那么，这样人既能操纵性欲，又能把性欲升华为一切美的事业。这样性欲最发展之人自然愈能得到最高大的利益了。

我今劝告诸位者就在希望把性欲考求得如何最发展的方法，则请你们注重于身体的锻炼，与呼吸方法充分研究得好，又须于精神方面，如情人与情爱的发展，尤要竭力讲求怎样得到最大的效果，这样性欲才算有利而无害。若只讲求性官，或者专注意于生殖器小局部与一时的兴奋，未免大大与我们原意大相背了。

如何得到新娘美妙的鉴赏与其欢心[1]

张竞生

我今日为第一次证婚人,也如你们第一次结婚时的情景,不免羞涩涩地来说一件"男女之事"。

就自然说,新娘自然是被动的了。"破题儿真难就",这其间给新郎种种的快感。粗暴的新郎如狼咬羊一样,使新娘惊魂散魄,好似海棠乍开忽被狂风骤雨摧残一样的可怜!今后为新郎者,应知这样粗暴,实是罪过,而且丢失了自己的乐趣。你们知月影横斜,就匆匆去眠的非策了,又知道一枝好花,把它捺碎的无谓,你们更知道笙歌未奏,灯正红,酒正斟,便自己灌得如醉猪一样,是天下最扫兴的乡巴佬,你们皆知道这些了,怎样你们为新郎时就那样性急,一俟人退后就行起性交来,这个罪过比上头所说得更重。美人难得,况又是头一遭。最好是红烛高烧,又是一切一切皆新而有趣的。

新郎理应对新娘温存妥帖,细语沉绵。我我卿卿,向伊表示出万分情感,自然这样情感不是猥亵的而是极客气的。

"妹呵,你听我讲件故事你听吧!不,你太乏吗?留待明天讲给你听好不好?"胆怯的新娘,必定红涨两颊,口不出声。"呵,你怕羞吗?妹呵,勿太客气,容我亲你一吻,好吗?你的嘴长得真似樱桃!唉你真太怕羞了。我将你!……"这样的调笑愈长期愈好。批头

---

[1] 本文原刊1927年1月《新文化》创刊号。原题注有"当证婚人时的演词,而稍与原稿出入,在东亚旅馆内"。

评足,总以使新娘欢悦,逼伊笑得眼迷迷,如此通宵达旦,初夜因为婚事太乏,新娘各种心理冲动与矜持太甚,实在不可交媾。只宜以调笑与抚摩了事。

到第二夜,耐性男子,尚当保存新娘的天真,只许你摸奶,不许你那事,最多只许用手探一探那私处的外皮!

只有到三夜,才许新郎放肆。但你须知处女膜的触破可以使女子起了肉体与精神大损伤。故新郎于此应当内功与外用并施。凡施林油[1]应当先敷满女阴与自己龟头。尤最要的使女子平卧床上双膝紧扣,男子先当将阳具插在女阴之外面与在前大腿之中间。如此抽动,女阴受阳具摩擦,女子不免动起兴来,俟女阴有极多的液流出后,男子始可移动阳具缓缓向阴户输送。总当取暂进态度,一咪厘[2]一咪厘如蚁走一样细的进取,若女子稍痛时即当停止,但求在外缘摩擦,摩擦得女子欲兴极浓时然后进入去,如此缓缓延长一点二点或至今晚不能完则俟后夜。如此进行,则女子有性趣时,阴道多液极呈流滑。而又受性欲冲动的影响,则虽男阳入去冲破处女膜自然不会觉得大痛,有时连痛也不觉得,虽在第一步即得着乐趣。这个方法是由许多经验人得来,极靠得住。我望一班新郎者采取。

在此,我又当告诉新娘们,当性交时你们应大胆地处于主动地位,虽第一夜也不可太过谦让,谦让就要自己食亏。你们新娘如能主动则虽第一次不觉得苦而觉得乐,因为第一次也可达到"第三种水"喷出的快感。你们女子们每次必要交媾主动而以出"第三种水"为限,则不但你自己快乐,对手男子也快乐,将来由此生子女时也聪明强壮。交媾本是男女二人共同之事,理当由男女分功合作。如有一方不尽力,便失了交媾真正的意义。

但当"破题儿"在我国有一件极重要的风俗,即验"处女膜"。

---

[1] 今译凡士林、可用于润滑。
[2] 此处为潮汕方言,"一咪厘"即"一丁点"的意思。

有些地方，如无此项"赤物"，就将新娘送回母家，并由此生出诉讼、械斗种种怪剧。而女子被此种侮辱，而寻死者也屡见不少。今日医学昌明，知这个要求并不十分可靠。有些女子月经来时太厉害能把子宫膜冲破。尤多的是一班女子作了各种剧烈的运动与工作，往往把这层膜破坏。甚且因跌倒，而损失及这个保障。反之，有处女膜的也未尝见得是正经，有些女子的处女膜，任怎样的交媾总不会破。甚至生过产后，还是依然如旧！故劝你们新郎，今后应该改观念。遇有处女膜者，你们固然欢喜新娘白璧无瑕。但遇无处女膜时，总要细心考察其因由何在，不可就此与新娘失欢。若知新娘确与人有染，你们于肉体上应当庆幸有人为你们打破难关，使你们坐享便宜。因为处女膜的存在，自然上正为使第一个男子种种不便宜与使女子种种的留难，至于交媾的快乐，不在处女而在女子的"老练"也。于心灵上，你们新郎应知前此之事于你何与。但求今后伊能真爱你就好了。伊能爱你与否不在处女膜有无，而在彼此的情感。而遇这些与人尝经偷情的女子，你们更当尽心恢复情感，这是一件情感竞争上更有趣味的事情。若你们新郎有这样态度，包管新娘感激流涕，懊悔前时无主宰，再安排新生命为新郎享用！

新淫义与真科学[1]

张竞生

我因"淫义"一问题未免过于深奥尤其是对了中国人说的更难懂，所以不敢提出来与"一般"的阅者讨论。不意由此使周建人先生说了一篇什么真科学，什么假科学。在"一般"看者必定承认周君是一个真的科学家了！所以开合口说人是假科学家、"无科学"家。

其实，我不是真科学家，也不是假科学家，更不是"无科学家"。但我比此更高然超然的，我是一个"常识家"，有时又是哲学家，有时更是艺术家。我所说的，不过是一班普通人能懂的常识，如说：每星期仅有一次交媾，不能算"淫"，因为淫就量说：乃是过多之谓。若使壮年之人每星期仅交媾一次，当然不能叫做"淫"，这是常识的常识。不意自称为科学家的周君，连这样常识也不懂，这真叫人要骂科学家太误人了，或者愈深于科学者愈成傻子也未可知。

或者，周君必以淫，乃就质说，那么到此层我当立于哲学家地位，然后才能打倒科学家，这是说：凡男女之事于质上愈能尽情满足，愈算正经，愈算不淫，换句话说男女交合愈不能尽情，愈觉得为淫。今就实事来说吧，譬如交媾者无意无思，如食苦瓜一样，这样男女就叫为淫人，因为他们所做得不称其职。"淫"字在此解为"不称其职"，也即滥用之意。若男女交合一个呼肉叫肝，一个叫死讨活，搅得天翻地覆，日黑月暝，这样人叫做不淫，因为他们实称其职也。

---

[1] 本文原刊于1927年1月《新文化》创刊号。

我在巴黎住居，尝在五层楼上，闻隔离极远的二层中的一房内，一对男女正在做"好事"，尽情叫："快乐呵！快乐呵！"这样才是不淫。若现在我的友人在北四川路住在夹在成双成对的两房间的一房。隔壁不过一层薄板，上面尚是空隙而住若干时久总不闻那两对男女有什么声音，这样男女真是天下的淫人也？他们两个不得尽其情，完全看至宝贵的射精为至平常与极无聊的了，这样还不是淫人吗？周君对此，若以科学家的眼光批评，尤其是"中国式的科学家"看起来，必定以我此层所下的淫的解释为大大不安了。不妥就拉倒！你们有你们的定义，就不让我们有我们的定义吗？你们必说这样猫叫狗吠的声音，未免扰乱人心与治安，我说你们那种死气沉沉不更使人犯起忧愁病吗？

用哲学家来解释淫义，已够令周君一班人头昏了，而我今再进一层以艺术的眼光来解释"新淫义"，这恐更使周君辈大跳起来。就周君意必有一端说："我所谓淫，就是除了夫妇交媾之外而有性欲的行为。"若如此说，我们更不敢奉命。我们所谓淫不淫就在男女间有情与无情。若有情的，不管谁对谁皆不是淫；若无情的，虽属夫妇，也谓之淫。这样解释，当然你们寻遍《康熙字典》不可得到。只好请《一般》主干"夏丏尊[1]君把我原文统统注下"原文"二字，这不但是"国学家"的夏君不能懂，即自称科学家的周君也恐不懂。

以上三层——从常识、哲学家与艺术者解释淫义，而其结果，完全不是"科学家"所能懂。而就我看起来周君不是"真科学家"，也不是"假科学家"，更不是"无科学家"，他乃是"中国式的科学家"，所以更完全不能懂了。何以见得周君仅是"中国式的科学家"？这个

---

[1] 原刊即为"夏丐尊"，由此也引起了夏丏尊的不满，以至张竞生于《调笑〈一般〉之所谓主干也者》一文中强调说："说起来真好笑，我常误他大名'丏'尊为'丐'尊，因为我对'旧小学'太不留心，而夏君实在有意与我们洋翰林为难，偏偏把大名丏尊与丐尊相混同。"详见本卷《调笑〈一般〉之所谓主干也者》一文。

全由事实可证明。他一边说"在科学上已研究得有条理的,只能用试验去证明是否,或探讨不能再用推测的话去说明……"这样看科学是死板的,不是灵动的,完全不是"科学家"的见解。我们知道,不但科学研究得有条理的,人类可以再行推测,以求其更有条理。即就若干千年来为世人所认为天经地义的优几利几何尚被翁士坦的推测推翻到壁垒不存[1],就周君的傻的科学态度说,凡已被人承认为科学定则,甚至已有"条理"者只可依样葫芦,不必另出心思,如此做去,科学永无进步之期了。这种死板的、抄袭的傻的科学方法,就是中国式的科学家的方法了!

又一边,周君再说:"如果事实上普通女性四周间只能有一度的排卵,而有人偏偏主张随时能够排出,这不是太笑话么?……"这个专以误会为能事,也是证明周君十足是"中国式的科学家",尚谈不起"假科学家"也。我在《性史》第一集及在答复周君文上,并不注重于每月女子排若干次卵,而注重于与"第三种水同下时的卵珠,为新鲜的卵珠,而后能得到壮健的胎孩"。这是我的主文。至于女子每月仅有排卵一次,这是普通性书中皆有载,岂有"自称读这样书多量的我"而不知道。不过我所要辩者就在普通书中所说卵珠的排出有一定时期,似乎不与女子的第三种水相关。而我自夸发明此中的一条大定则,"即卵珠的排出与第三种水来时必有相关",这个可以由一个联珠式的证明:即卵珠成熟与排出期,通常与月经有相关系,而月经又是性趣的最高表象,性趣与第三种水又是同源,由一连三,以极逻辑的推论,而得上的推测。而周君偏偏不懂,偏要误会我不知女子排卵每月只有一次的事实。我因怕彼长久误会了,所以有在答文改正文字的举动,而彼又得了把柄,说了许多俏皮话,而又"固意"误会到底,这是科学家态度吗?至于"主张"二字,又被他咬文嚼字了一回,其实,他不过为我注解罢了。我不敢说是事实,因我尚未

---

[1] "优几利几何"即欧几里得几何,"翁士坦"即爱因斯坦。

去试验证明。但我喜欢这样"推测"所以我说为"主张",这又是什么说不通!

　　说到底来,我以为周君尚不是"无科学家",因为他口口声声说他是有科学态度的。不过其实他另然是"中国式的科学家"态度吧了。他那种呆蠢法歪缠法,在在皆足证明他那种"中国式的科学家"使人可憎的样子。例如他说:"我所说的性史是要把人人的性史给他看,如此必使他连食饭放屁都无工夫",这又何苦来呕人。我所要选择的性史,已屡次声明以有趣味及具有文学者为主。譬如《性史》第一集所以能够使人欢迎,正因它达到这个目的。就事实说,自出《性史》第一集以来尚未见我有别种性史出版,而这寥寥几万字历时已有数月,这样幽闲的光阴,尚不能使周君好好安静地食饭与拉屎么?又如霭利思的几十篇性史,岂能使我们读者如周君所说的忍饱奈饿吗?可惜周君不如夏丏尊君一般去咬文嚼字到我那个"取裁"二字上,以敢误认有取有裁的性史之"取裁"而变为每史必要"取材"之"取材",而这样"取材"确实使周君食不饱,撒不完。可是我不是这样傻的"中国式科学家",必要一事又一事,事事去证实,然后才能结论呢!说到小说与事实的分别,我以为《性史》第一集皆是事实,因为最好的前二篇的作者,皆是我极熟之人,彼等事我皆知其有根据,而周君对此作者二人不知是黑是白?就要说他们所写的事实为泡影,这不是武断的中国式科学家态度吗?又说到"文学的"三个字,因为它所写的背景既是事实,而行文上又令人觉得美妙,所以我说它是文学的不是"小说的"了,这小点上又惹得周君太无科学家态度的哓哓。至于说及什么达尔文、什么《杏花天》一类书等话,所谓牛头对不住马鼻。《杏花天》本来就不是科学书,凡稍识字者就知它是小说与淫书。它不屑与达尔文比赛,当然它更说不上它的科学价值是什么?凡人心上不单要看几本干燥的科学书。所以到现在来欧洲尚有许多辩论"究竟科学与文学谁是大有用于人类"一问题。就区区意,彼此各有用,各有它的区域,达尔文学说有达尔文的用处,《杏花天》

有《杏花天》的用处，可说"道不同不相为谋"。使世界只有达尔文的学说，这是何等无聊！一切消遣之事，人类不能免却，在英国，物质最兴盛之邦，许多人民尚喜欢往观叶土壁牛鬼蛇神的戏剧。一切文学虽无科学的价值，但自有它的真价值。也犹如科学无文学的价值而有自己的价值一样。故要以科学统一人类的思想，未免是"八股式的中国科学家"的毛病。

　　总之，我自认不是科学家，但是常识家。常识是科学的基本，故我不是科学家仅有科学家的味道罢了！又我不是科学家，自夸是一个小小的哲学家。若使我由小变为大的哲学家时，自能使各科学成为系统而时发现新道理来。哲学家，被"中国的科学家"眼光看起来，不免是"假科学家"，但他实在比科学高一等也。末了，惭愧说！我是假科学家。骄傲说！我是广义的艺术家。我看一切事物皆是生动变迁的。一切定则皆是相关的。无有一件事物永久不变，而同在一件事物中，随了各人的聪敏智慧与时间空间及速力的关系而可变为无数的现象。所谓科学的定则为事物万世不易的条理，应合万人一样的口调，皆是傻的蠢的科学家死守成法的瞎说。这样假的科学家充其量不过人云亦云而已，而最危险的他不但不能增进科学的成功，而且大大阻碍科学的发展。他们遇有一件新的推测与他们所背熟的科学定则不相同者，就要大嚷起来说这不是科学！这不是科学！说这是假科学！假科学！说这不如无科学！无科学！我若干年来就是痛恨这一班不长进的"中国式的科学家"。我已在拙著《美的人生观》说及怎样得到"美的思想"了。我极望一班少年科学家应该改变这样中国式的科学家的态度，庶几由此可以得到一个真的科学家，即以常识为基础，以哲学为依归，是以艺术为方法。但此难与一般"中国式的科学家"道也！

附

读《新淫义与真科学》并答张竞生先生[1]

周建人

张先生在《新淫义与真科学》里几次称我为"不意自称科学家的周君",这原没有什么要紧,不过我记得前次回答张君的文中并没有说过"我是科学家"的话,今张君说我自称,又从而非笑之,这种攻击论敌的方法,不免近于卑劣,据理我就不应和这种人再辩论。但现在张君假哲学家兼艺术家的招牌来宣传道教思想,使我禁不住又要出来说几句话了。至于张君以为"中国式的科学家"比之于无科学或假科学家都劣等,则我用不着辩论,只有自惭是中国人和同时艳羡张先生西洋化的荣耀而已。

张先生在立"新淫义"的定义的时候,是站在哲学家的地位,要"打倒科学家的",我以为那界说自然至少总有点深奥。岂知不过是:凡"男女之事,于质上愈能尽情满足,愈算正经,愈算不淫,换句话说,男女交合愈不能尽情愈觉得为淫……"而已。这话在张先生自己或者以为有些"高然超然的"了,不幸在我看来总觉得有些不妥。医学家告诉我们说世间上有性欲冷淡的女人,称为 frigidrity 的,是缺乏热情,不感到性的快乐的。我又闻医家说过,用脑力过度,有使性交能力衰弱的可能性,他并且举出大数学家牛顿(Newton)以为例证。这话都是西人所说,不是"中国式的科学家"所发明,或者不至于不可信。今者照张君的定义说来,系牛顿与性欲冷淡的女子都不妨加以

---

[1] 本文原刊1927年《一般》第2卷第1期。

好"淫"的称号，或竟不妨称为淫棍或淫妇。但我总觉得他们的性欲甚至已衰退或冷淡了，还要称之为好淫，虽然怎样合于张君的哲理，似乎在良心上觉得不安。这或者正足补张君笑为"傻子"或"呆蠢"的地方，然而在我却正自己庆幸还不至于懂得这种定义。

日子相隔不远，张君据理应该还记得十一月号的《一般》上自己所说的话吧？在第四三五页上明白的说："……一段上明明说是我个人的推测。那么纵有错误尚是科学，因为推测即是科学的起点，凡科学的成立，类皆由推测而来也。"这里张君明明自说他的推测是错误的科学，明明承认他的推测是科学未成立以前的东西。这种推测，西文里称为 surmise，即郝懿行先生在《尔雅义疏》里所谓"古人察物未精，妄加测量"的推测，所以我在回答中遂有那一段话。至于数学家所运用的并不是这种推测，那是推理，有时又称为推论，他们是应用这个以"推陈出新"并非"妄加测量"。张君既自称为哲学家，这一点小小的区别应该知道的吧？岂可并为一谈！其实，张君岂有不知道之理哪，如果张君的推测固真能和翁士坦的推测可以相比拟，我想张君再也不至于用"中国式的科学家"为讥笑别人的名称了吧？再也用不着"洋翰林"的招牌来夸耀自己了吧？会得用这样的推理已足够"骄人"了。

现在讲到灌输性知识这个问题，浑而言之，目的是在谋青年的心身的健全，拆开来说，凡一切对于性的偏见、秽亵观念等等都在应当纠正之列。今张君借讨论性知识之名，不纠正道教（方士）的可恶的思想，还要对青年们提出"丹田呼吸"以及"性部呼吸"来，且说怎样的有效。实在是不应该！张君说性部呼吸的功效是在能使阳具吸饮高粱酒。但我敢问：使阳具吸高粱酒的意义在哪里？！

一种器官自有其固有的官能，人们天生有一个口，足为吸高粱酒之用，为什么还叫阳具去吸饮？我闻人言，这种习练实在是练习采补法的一种，明白的说，最后目的是在吸收女子的精液。张君如果不能说明吸高粱酒的别的意义，就使我不能相信前面所说的说法。

那么，我们且不问事实上是否可能，这种采补思想的本身就极可恶极不人道。

今张先生声声口口自称为哲学家、艺术家、常识家，而不肯想一想对于青年的利害关系，却还要戴了这宗面具，利用青年的知识未坚实的弱点，宣传"丹田呼吸""性部呼吸"这类道士思想。中国自来受道士思想的流毒已尽够了，近来的同善社的宣传也够猖狂了，在这种世界里，我以为思想稍微明白的人们，合力来谋补救和纠正还来不及，哪里还可以助长他们的气焰？我和张君素不相识，更无丝毫的嫌隙，现在他要把这等谬误的思想灌注给一般青年，这实在使我忍不住又要提出抗议了。

调笑《一般》之所谓主干也者[1]

张竞生

"不知谁家子,调笑来相谑!"这回"调笑"二字既然出于李白的诗句,料度不致被夏丐尊君拿去加上"原文"二字示众。本来这篇文虽名调笑,其实不值一笑,哈哈,可惜不值一笑的文字,被夏君看见就觉得为大可取笑的资料了。

夏君既然戴上《一般》无冠帝主之帽,手拿上一枝不值一文的"毛枪",遇着他佬(粤音粤字)不舒服时就不管三七二十一随手添加上许多"原文"二字于后头,如我这样不幸的人,恰巧在他贵刊十一月号得了这样七个赏赐。写信问他贵主干加上"原文"二字有何意义?他又假惺惺地打起上海滑头话来说这不过依我嘱咐对于原文不敢加减一字罢了。我想这其中有许多"皮里春秋",故不免依原文次序自己来表白一番。

第一个原文是"固意",他佬就在固字下写下"原文"二字,料他意思是"固"字必是故字之误。我说你佬错了。我也知特地而做曰"故意",固执意见而做曰"固意"。当我写"固意"时,完全是取后义,因我不用"故意"而用固意者,无非是表示自己谦逊,不敢说"特地"那样放肆的语气。你佬安能强我去就前意而失我个人固有的意见呢?

第二,原文是"取裁",而依夏君意必是"取材"之误,这回他佬又错了,取裁是取裁不是取材,我的本意是有取有裁的,如取舍一样。他佬或者脑筋简单,只有取材二字他才懂。但我用了取裁二字极含深

---

[1] 本文原刊1927年1月《新文化》创刊号。

意,请看上我答周建人先生一段文自明。

第三,原文"我对于卵珠与第三种水齐来的关系一'叚'上,叚字确是抄写者手滑,把它作为段字用了。在这字上我很佩服夏君'眼锐心细'能把它揭出来"。他既将段字下添上"原文"二字在这层上稍识中国字者一见就知是错,那么他于其余的六个"原文"注解,当然也有相同的作用了,而他复信偏不敢说,这可见出他的上海猾头式了。

第四原文"卵的发落",……我至今尚莫明其妙怎样夏君于落字下也注上"原文"记号。落字当然不会错写,大概他意必是卵不过卵尔,怎样它能自己发落?若就这样解,我就答你佬不知道卵的聪明比你更万倍呢,怎样见它自己不会发落?或说"发落"二字在上海文人看来乃指捕房对着囚人说的,那么,原来中国字义仅限于这样偏狭用,无怪夏君看中国字眼与我们大不同,可惜我住上海不久,不知这样忌讳!

第五原文"于第三种水来时卵珠也同时'乘兴'而下","乘兴"二字之下又被夏君加上"原文"的枷锁,真使我通身不舒服。我于卵珠的动作,在上文用"发落",与此层用"乘兴"等字眼,自以为用得极响。但必要看卵珠像一样乖巧的生物,才能明白这些字句的价值,或者夏君所知的卵,不外是些臭蛋、咸蛋、坏蛋、王八蛋之类,自然难免对这些字用法大惊小怪了。有说他或者看"兴"字为财丁兴旺之兴,不是兴趣之兴,所以他弄不懂。我想堂堂的《一般》主干,而又在海上混了许多年的吃墨生活,即使不通,断不会连这兴字用法也不懂到此地!

第六及第七原文一样即"吧"了的吧字,使夏君费了四个字的注解,凡语助词的"罢"字,已经被人解放为"吧"字好久了,因为"罢"字比"吧"字费写,也如"纔"字改为"才"字一样用法。想夏君太"古雅"了,偏要看"吧"字为"罢"字之误,这真是太不配为"一般"人的主干了。"欲罢不能"的"罢"字,自然不能改写为"吧",但语助词的"罢"或"罢了"的罢当然可借用"吧"的便写。当我去年作《美的人生观》与《美的社会组织法》时,我仍用"罢"字写法。到现在竟被一班新文字家教坏了,这真对不起夏君与《一般》杂志的古雅读家!

话说到此尚未休,我对不住《一般》杂志的读者仅有一个"假"的错字,而夏君则使人误会到六端(其中尚把我原有圈点弄错不少),这不止是他对我不住,真太小觑《一般》读者了。他佬以为文字有一定不易的模型,有人敢越出界限者,必使他难以见众。推此而论,必是他佬一人的文与字为最合式,而他的文字仅可为他一人看,不是为"一般"人看,因为他不准于传统及他个人一己偏见之外许人有自由创造权也。

实在说来:我不是"国学家"当然免不了常常写了许多别字,我当于暇时,埋首研究"旧小学",以免见笑于夏君,同时希望夏君也当着意研究些"新小学"以免见笑于"一般"读者。说起来真好笑,我常误他大名"丏"尊为"丐"尊,因为我对"旧小学"太不留心,而夏君实在有意与我们洋翰林为难,偏偏把大名丏尊与丐尊相混同。在我们看起来,写为丏尊或者写为丐尊究竟有什么紧要,不过以这个讲求旧字家的夏君看起来,恐要跳几大跳说:"何事'固意',什么'丏尊',张既如此,夏就发昏。"哈哈,这四句诗虽是"原文"乃套《聊斋·嘉平公子》的"何事可浪,花菽生江。有婿如此,不如为娼"也。

这虽有些不敬,不过题目为调笑而作,留之也无妨也。

附

纠正张竞生先生的调笑[1]

本志校者

张竞生先生在他主干的《新文化》月刊第一号上有《调笑〈一

---

[1] 原刊1927年《一般》第2卷第1期。

般〉之所谓主干也者》一文，为了他在本志第三号上所发表的《答周建人先生〈关于性史的几句话〉》中，注有"（原文）"二字，对于本志主干夏丏尊先生，大肆无礼的"调笑"。张先生的意思，大约以为这"（原文）"二字是夏先生所手加而有意挖苦他的，因而恼羞成怒，对夏先生写出这些无礼的话来。但是张先生错了！因为加入这"（原文）"二字的，是校者，并不是夏先生。至于校者为什么要加入这二字？请说明于后：

当夏先生把张先生的大文发排的时候，就对校者再三叮嘱，说张先生的来信有不许更动一字的话，校对时应特别慎重，不能有一个错字。因此校者不得不十分小心，把原文一字一字的磨勘。但磨勘到"固意""一叚"等字句的时候，觉得张先生的用字，与普通人颇有不同，当然不敢妄改，但恐夏先生及读者要疑心到校者的疏忽，因此特地加入"（原文）"二字，借明校者对于夏先生、读者及张先生的责任。张先生因此疑心到这二字有意指摘他的别字，并且把这罪加在夏先生的身上，那完全是张先生的多心。所以他的调笑，完全成为无的放矢，校者不得不来纠正一下。

至于张先生所用的字是否合于通用的规则，张先生自己已经说明，明眼人很多，用不着校者多说。况且只要张先生大文中的理由确是正当，即使满篇都是别字，也不会失其"博士""洋翰林""大学教授""常识家""哲学家""美学家"的尊严；否则张先生即使写成全篇的"说文"，也不能靠着这些头衔而强迫一般人加以信仰。而在校者一方面，则只要加"（原文）"二字的处所并非"非原文"，对于张先生也不算什么冲犯。因为张先生无论怎样说法，决不能从"原文"二字上面指出含有如何褒贬的意味。即使张先生以为在加入"原文"的处所文字本属十分明白，无须再加，然校者加入的时候，实在觉得有点莫测高深，则这二字的加入，也只足以表明校者的浅薄，不足胜校对之任，对于张先生是决不会有什么失礼的。

为使读者明白真相起见，敢胆大说明如此。

是也上海流氓的一种[1]

张竞生

自己伴侣跟随他人逃走，郁闷极了，眉头不展，笑口未开者已若干日，不意看了《幻洲》第八期，使我龙颜大喜。这班文氓，确实代表上海一班文人堕落为流氓者的好榜样。他们前为创造社的"社氓"（除郭沫若及郁达夫一班人外）为上海最起始干那不道德的偷印我们《性史》第一集的勾当，我在广州创造分社发见时，沫若也骂这班无聊的流氓。今则他们竟忘却盗贼的行为了，竟骂我为专卖淫书出名了。我的学说，除却性学外，尚有许多使这班流氓看不惯听不入的。不幸编辑这本性史，而使这班流氓得了一批外利，他们不但不感恩戴德，反破口骂起我来了。中山狼！中山狼！我的上海流氓呵！

更离奇的，他们竟说我提倡小马甲——小内衫——以便压束奶部者。[2]凡尝看我《美的人生观》及《新文化》第一期者，皆知我极力反对束奶与主张大和高而且紧的奶部为美。我自以为是中国第一人反对压奶最力者，而彼等更盲闹到此，夫复何言。他们，也有相当的理由，谓系根据我的演说稿。不错，我一二月前也尝得到友人转来广州《国民新闻》的记事。但以此事太出离奇，而与我的主张太相出入，且现在对我造谣者太多，改正驳斥不胜其烦，遂姑听之以验世人判断的能力。实在说来，不止我无此等论调，根本就无这个讲演会，就该

---

[1] 本文原刊1927年2月《新文化》第1卷第2期，署名"竞生"。
[2] 参见1927年《幻洲》第1卷第8期，梁志纲《袒护小马甲》一文。

报所说，乃在汕头教堂公开讲演而听者极众之事，试问去年暑假，我在汕头有这样的动作，当然瞒不住汕头人，何以汕头报纸无载及？今请汕人实指起来，我若有此等事，甘愿受严重的责罚。[1]

实在，我本不要与《幻洲》这班无聊人顶嘴，但因为我郁闷极了，写些字出来骂人痛快痛快，也未尝不是"脑卫生"之一法。（前有《光报》说我袒护缠脚与性欲有利益者，这是我引辜鸿铭的主张而为我所驳斥者，《光报》误会我说的缘故，我尝嘱该报改正，今再声明于此，足见误会尚可恕，而无辨别力为可鄙也。）

现将《国民新闻》对于此事全文附上，以博一笑。比《幻洲》仅登下段的也较完全。

张竞生在汕教会演讲　讲题为《论小衫之必要》
亚龙井
——牧师贪钱　大上其当——

前竞生博士至汕，曾在某校开一演讲会，讨论性的问题。某演讲词曾刊各报，男女青年交相传诵，无任欢迎之至。然大部分舆论则谓其丧人志气，堕人道德，非议迭兴。不谓博士竟能借得最讲礼教之基督教会，再为其演讲地点。此诚出人意外之奇事，骇人观听之趣闻也。

礼拜堂之牧师，正伏首案前，喃喃祈祷。忽有不速之客一人来，则博士也。牧师心滋不悦，曰：予有要事，刻须外出。既承惠然下教，愿以异日。即携其手杖，作外出状。博士见其下此逐客之令，则足恭其貌，委婉陈词。曰：牧师为主布道，努力热心，至为钦佩。弟今此之来，亦有不腆之仪，奉申礼敬。固非谈荒唐不经之事也。牧师闻有奉申礼敬，心焉贪之。始坐而与之语。

---

[1] 参见1927年《幻洲》第1卷第8期，《论小衫之必要——张竞生在汕头教会讲演》一文。

博士曰：弟游历贵境，行李萧条，资用将绝，敢求牧师垂青，一尽东道之谊，借贵礼拜堂开一演讲会。每听讲券，售值一元。以七助旅费，以三奉赠牧师。可乎？牧师怫然曰：不可，不可。博士演讲，常主张青年男女裸体出外者。此等论调，舆论不容。况我尊严之教会乎？

博士作郑重之态度，曰：不然。苟蒙见诺，则予之讲题当为《论小衫之必要》。小衫者，妇女束胸之物也。近日生理学者主张废除，独予则否。盖以为我国妇女恒用之物，一旦废除之，不唯有失观瞻，抑亦有违善良习俗也。故予拟定之讲题为《论小衫之必要》，所以挽生理学者废除妇女束胸之狂澜也。牧师其有心世道乎。

牧师思此乃青蚨飞入之路，且讲题亦非荒谬，遂订定条件而允诺之。数日后，而演讲会开矣。到听讲者，济济满堂。牧师且为之主席，曰：今日张博士演讲题为《论小衫之必要》。博士为一科学家，请列位留意云云。孰知博士主张，另辟奇论，乃诱人迷于性交者。牧师瞠目结舌，不能发一语，唯心中痛悔而已。兹节录其演讲词如左：

兄弟今天能得这个机会与列位讨论讨论，列位不弃，惠然肯来！兄弟荣幸之极了。现在讨论的问题是"小衫之必要"。小衫这件东西，长江流域以北，有许多地方都叫它做小马夹，或叫做小背心。广州的叫做衫仔。虽然没有一定的名称。总而言之，不外乎妇女束胸的一件东西罢了。妇女的束胸，近来有许多生理学家反对。要主张解放，即是主张废除小衫。他们说束胸妨肺部呼吸，窒碍身体发育。我虽不敢绝对说它无理，但生育的机能，是因其境遇，而养成适合的活动。妇女的束胸，既自少习惯了。伊的呼吸，自然自如舒服。又何尝见妇女束胸之后，便妨碍呼吸。要背人脱去小衫，来增加她的呼吸呢。

就算小衫是妨碍妇女身体发育，也不能因噎废食，所以我主张小衫之必要。为甚么呢？因为小衫这件东西，是爱的艺术的结晶。妇女们除了性爱之外，便陷于枯寂的生活了。总之我的主张小衫之必要，是因这件小衫能起男性的美感，来向伊要求恋爱。

我一次到了广州，看见长堤的地方，珠海岸边的小艇。那当娼的艇妹，把伊们的小衫用竹竿穿了，竖在艇前，临风摇曳。所谓艳帜高张，令男性的经过，一见销魂，便联想到床笫间个桩事，不由得不光顾伊了。这尤是一个小衫是爱的艺术的明证。我很愿大家闺秀的小衫，今后也晾在人前当众之处，去引起异性的恋爱。

我往日养了几条金鱼，我每日结它的麦片以前，必用一面红旗，在水面一映。它习惯了，一见红旗的影儿，便想到食物去。这与男性的一见了小衫，便想到个桩事，是同一样的作用。若果废了小衫，岂不是戕贼了男性们性欲的热度吗？更有一个明证，我们见了妇女露出两乳哺儿，是不大起我们性欲的思想。若见了一个妇女，穿了件小衫，我们男性的性欲便热沸起来了。

末了，我结束几句。第一，男性的要更加发挥固有的鉴赏小衫的知识。第二，女性的要更加讲究小衫的材料，形式颜色花边等，务使因这件小衣，两性都充分满足了肉欲。这就是兄弟讨论的大要，也就是兄弟唯一的希望。

一个抗议[1]

张竞生

在《一般》新年号有周建人先生这段话：

"现在讲到灌输性知识这个问题，浑而言之，目的是在谋青年的心身的健全，拆开来说，凡一切对于性的偏见、秽亵观念等等都在应当纠正之列的，今张君借讨论性知识之名，不纠正道教（方士）的可恶的思想，还要对青年们提出'丹田呼吸'以及'性部呼吸'来，且说怎样的有效，实在是不应该！张君说性部呼吸的功效是在能使阳具吸饮高粱酒，但我敢问：使阳具吸高粱酒的意在哪里！

"一种器官自有其固有的官能，人们天生有一个口，足为吸高粱酒之用，为什么还叫阳具去吸饮？我闻人言，这种习练实在是练习采补法的一种，明白的说，最后目的是在吸收女子的精液，张君如果不能说明吸高粱酒的别的意义，就使我不能相信前面所说的说法。那么我们且不问事实上是否可能，这种采补思想的本身就极可恶极不人道。"

"今张先生声声口口自称为哲学家、艺术家、常识家，而不肯想一想对于青年的利害关系，却还要戴了这宗面具，利用青年的知识未坚实的弱点，宣传'丹田呼吸''性部呼吸'，这类道士思想，中国自来受道士思想的流毒已尽够了，近来的同善社的宣传也够猖狂了，在这种世界里，我以为思想稍微明白的人们，合力来谋补救和纠正还来不及，哪里还可以助长他们的气焰？我和张君素不相识，更无丝毫的

---

[1] 本文原刊1927年2月《新文化》第1卷第2期，署名"竞生"。

嫌隙，现在他要把这等谬误的思想灌注给一般青年，这实在使我忍不住又要提出抗议了。"

今摘要将周君以与我二人的原文比较一下就可知道谁会说假话欺骗青年。

周说："张君说性部呼吸的功效是在能使阳具吸饮高粱酒，但我敢问：使阳具吸高粱酒的意义在哪里？！"

张说："诸君必以为腹式呼吸有日本人做到，自然不生怀疑，丹田呼吸，因其去腹部仅一间，而且有一班道士及和尚们试验过，自然也可相信，独对于性部呼吸一项，未免说得荒唐。我想必有许多人作此想头，今于下头略举诸例以证我说：（1）有熊某先生者能把他的阳具吸入若干高粱酒。（2）又据蔼理思《性心理》所得安南的确实报告者，此地男人阳具甚小，全靠女阴吸力缓缓将阳具吸入作事。由此二例说来，性部呼吸本是常事，可惜人们无用功夫去练习。"

我想凡稍识中国文者，知我所以说及熊某者不过举出一个最显然之例，以证明阳具的呼吸是属于可能性的，不是如周君所冤我说"性部呼吸的功能是在能使阳具吸饮高粱酒"。我极知道，高粱酒是极可珍贵之物，应当为周君一班人有口者所吸饮，安可糟蹋到阳具孔里去。至于周君推论我由此进一步，就到"吸收女子的精液"，那我又知道精液是何等珍贵，安可使阳具去吸收，最好是为周君一班人有口者所吸引，这也是我对于周君辈"进一步的推测"。

道士思想固极可恶。但"丹田呼吸"如果有益，不能因道士所习用的遂而鄙弃。丹田为人人所有，它为我人身体的一部，当然应该使它血脉流通，虽不为性欲的康健起见，也当常常锻炼它，岂可因其为道士所呼吸过，我人遂而不管及。这好譬道士有足能行，我人遂而不用足行，道士有肛门可放屁，我人遂而不用肛门拉屎一样。周君无乃"因噎废食"欤？况且腹式呼吸，即是"初步的丹田呼吸"。只因为日本人所提倡，周君又是"日本化"者，当然信奉之而不疑。我今所要者，不过使于腹式呼吸之外，加深一步的功夫，遂不免被周君诬为提倡"可恶的道家思想"了。

究之，丹田与性部呼吸的好处，我已在上期说过，无非使全身呼吸灵通，及能操纵性欲不至于阳痿，与滥淫。这个意义，看本刊第一期者自明，不用在此再说了。

总之，周君要以"道家思想"诬蔑我是不能的，他所以出此卑劣手段者，无非对于"第三种水"那问题辩输了，故不能不作些无赖的反噬。说到"推测"二字周君实在不懂，他可请人译些 H. Poincaré 的 *La Science et l'hypothese*[1] 给他看，或者能较明白些。至于牛顿与性欲冷淡的女子，不能说为淫，因为淫中的一义乃当性交时偏要假作道学家而不肯用力于性交（参观上期《新淫义与真科学》内中一段）。凡天然不能用性欲的人，不能叫做淫，但也不能叫做不淫，他乃处于第三者。凡不淫者，乃能淫而不肯淫之谓。至于周君所举那班人，纵要淫也不可能。但此种见解太深奥了，又何必向周君解释而引起更多的疑难也。

末了，我也当如周君所说："据理我就不应和这种人再辩论。"但我极要和"这种人"辩论，不过对一问题只许一二次无理胡闹，也能充充《一般》与《新文化》月刊的篇幅，与迷惑少年的眼光，使人知"生物学家"（用周君好友的说话）的周君"卫学"的苦衷与我"倡道"的无谓了。而且由这样胡闹使我不能不郑重用功，如本期在性育栏的《第三种水……》一项，就是这样胡闹的赐物。我再请周君，勿客气，你可尽量胡闹，我不但不怕，而且极欢迎，如说我提倡裸体，便是提倡"可恶的野蛮风俗"；如说我提倡情人制，便是提倡"可恶的乱交制"；如说我提倡使女子出第三种水，便是提倡"可恶的淫水"；其他其他，尚多尚多。你愈胡闹，我愈有文章可做。你愈摆起科学家的架子来，我愈有打破科学家的张天师符咒，急急如律令，你"可恶的道家"千万嘱咐你哪！

---

[1] 即亨利·庞加莱的《科学与假设》一书。

性教育运动的意义[1]

张竞生

近阅周建人先生在《新女性》上《性教育运动的危机》一文,不免又使我来说几句话。性教育运动当如别种智识运动一样,依我意见,应分为二项工作的进行:即一方面应从通俗上着想——而一方面应从提高上努力。凡能将性的智识,普普通通地介绍给人,这是一种通俗的工作,原是最好不过的,当然为我所欢迎。但是应知此项通俗的工作,乃仅仅为一种普通常识的应用,不是除此之外便禁人不可有再进一步的研究与运动。譬如:告诉人们每四周止有一次卵珠成熟,这是常识所应知道的。但告诉他们何以必要四周才有一次卵珠成熟。何以有些女子卵珠终不成熟?怎样有些女子每次仅有一个卵珠成熟,而有些则同时有几个成熟卵珠?又问有些女子不待四周之久即有卵珠成熟也无?凡属这些研究,当然为提高的工作。有此然后能把通俗的工作逐渐推广与增进。故我说及卵珠成熟与第三种水有关系时,即望于普通人所知之外,而谋再进一步的讨论,幸而我已在本刊第二期论到此种推测已得相当的根据了。但使此等提高的工作完全失败,我们尚当继续去做,因为人类智识之所以能够日进月增者,全靠有一班人肯冒险去做提高的工作。

提高的工作,当然是冒险的。唯其冒险所以见得可贵。人类思想之所以进步,全靠这样的冒险。这好譬居沃所说,农人将耕牛宰

---

[1] 本文原刊 1927 年 3 月《新文化》第 1 卷第 3 期。

了，把血滴滴地沃于田块之上，希望在将来得了大大的收成，人类思想也当有此种牺牲的精神。故当我们辩论第三种水与卵珠的关系时，有朋友说："反对者固然不能驳倒君的论据，但君也难寻得事实去证明。"我说我将用种种试验的方法以证明我说的有据。假使我不能证明，但苟反对者不能驳倒我从逻辑推理上的根据，则我说已有存立的余地。因为推理不错，则事实上即一时不能证明而总希望有一日的发见。总之它比通俗所知之外，已多得一层的假设与多一层事实的希望了。

这种道理，可惜周君建人不能了解。他所汲汲者唯在通俗一面的功夫，而竟忘却了一种提高的工作。原因是他不懂科学的真意义。科学是什么？不过人类的智识较有系统者。而人类智识是变迁进化的，不是一定不易的。人类智识怎样能变迁进化？这个全靠人类有拟议推测的力量，与常觉不足而求再进的欲望。我国数千年来，科学不长进即坐于固守成见的弊病。而德国人的科学极进步，乃因他们敢于上天下地思入非非的考求。

本刊对于性欲方面的努力，所以比别人与周君辈不同者，即一方面在介绍一些普通的常识，如《性的教育法》等篇，而我们尤望作些提高的工作如上期《第三种水与……》的研究，与下期《性部与丹田呼吸》的长文讨论。

"丹田呼吸"为提倡"可恶的道士思想"已经为科学家周君辈所竭力反对了。此事有如我说《道德经》可以研究一下，就不免犯了提倡道教的嫌疑。至于性部呼吸，据周君说更是无埋之极，因为"男子性部只有一些腺体，并无与肺相比的空腔，何能呼吸"？原来"性部"这个名词，被周君看得太狭小了，他不知"性部"的范围甚大，最紧要的乳部也被他忘却了。又呼吸的意义也被周君看得太死板了，他是"科学家"故只知肺部一部才称得起呼吸，他并不知"不知科学"的我，则说岂独性部能呼吸，即无论一身何处的皮肤也能呼吸，进一步说，凡一切细胞皆有呼吸，不过比肺的呼吸大小不同罢了。我今只把这些大概说来，已更可以证明周君在此层的辩论也输了。现因本期篇幅已满，关于性部呼吸的图说又极冗长，故不能在此期登出，请待下期定当呈教，使人知周君的科学程度到什么地步，而我的"不科学"的成功又到什么地步也。

说及处女膜一问题，我非如周君所诬赖使女子为男子娱乐的器具那样的"谬误"。不错，我是主张不着重于处女膜的。这个重膜的观念当然是中国男子最谬误的一种。中国男子如周君一般人所要求于女子的是片面的与肉体的贞操，而我们所要求于女子者乃相互的与情感的融洽。故我在本刊第一期说有处女膜者固然好，无的也不必以为嫌。因为伊能爱与否不在处女膜有无，而在彼此的情感（节余四十五页）。真的，今后男女的交合不在此种无谓的膜的争执而在情感的有无，这样不重肉而重灵的提倡，总比周君辈为重视女性了。这般不重膜而在情感的观念确从提高的工作努力了。

今后男女社交愈公开，接触机会愈多，女子难免因一时的冲动而失身。故有些地方通常女子在十七八岁以后，就已失贞了，这是社会普通的情形，个人是无能为力的。假使周君辈遇此势必把一切女性鄙视之而后可。但我辈徒去诅咒社会，究竟是无用的。在此情境之下，我们唯有一方面则怀疑贞膜的损失由于偶然，而一方面则以此膜的损失为不重要而且可以得到肉欲的美满，第三方面，则在力求女子方面情感的补救，这是我所要说的各方面面面俱到的谈论，而周君反谓我"不用更合理的话来说明"，这种无聊赖不负责任的说大话，真使人齿冷！

总之，周君所知道的是一些通俗的智识，假使他自己知道自己是什么程度，也未尝不是藏拙之道。而他偏要来干涉他人一些较为提高的谈论，所以他处处讨人厌恶。因为他知道的，是人人所知道而不用我说的。而我所要说的，当然为他所不能知道而不免使他大惊小怪、哓哓饶舌了。

附

性教育运动的危机[1]

周建人

性教育运动的由来不过数十年的事，为了拥护进化说而和旧势力战斗最烈的赫胥黎氏所著的《生理学》(*Elementary Lesson of Physiology*)虽讲一点发生学，但没有性的生理；美国马丁博士（H. N. Martin）著的《人身》(*The Human Body*)是更专门的著作，闻有两种版本，一种是节去性生理学一部分不讲的。从这些地方看起来，可见在那些书出版时，性知识的灌输还不通行哩。

人的性器官的官能与组织如有缺陷，便为残废不完全的人，但在知识上，这种不整个的生理知识教了许多年的青年。便在近年，一般人对于性知识的研求还认为少数人的特别的权利。据派美利氏[2]的著作中说，纽约通俗图书馆便是这样，不特关于性的书，便是若干关于精神分析的名著，也都编为第六号书，关锁在别一间房间里，须认为有看这书的资格的人才得放进去看，其用意，据说是防止"奸淫"（见 *Personality and Conduct*）。

但今日已明白知道，许多的悲剧和不幸都是起于性的无知，并且事实显示出来，性的无知实为实现更合理的性的生活的最大障碍。于是欧美先进国有医生、科学者及思想明白的教士相继加入性教育运动之中。方面有许多，有的在努力灌输狭义的性知识，目的在使青年对

---

[1] 本文原刊1927年《新女性》第2期，署名"建人"。
[2] Maurice Parmelee，其《个性与行为》(*Personality and Conduct*) 1918年出版于纽约。

于性器官和行为知道摄卫和节制，希望花柳病的传染，及不负责任的性关系可以减少些。有的在努力广义的性的教导，泛讲性的真理和恋爱的意义等等。又有的在掊击性的神秘的、猥亵的观念和偏见等，希望对于性这件事大家能够光明、洁白、自然的看待。把这等各方面的运动综合起来，称为性的光明运动也未尝不可。

中国因为缺乏专门学者和热心于为真理作战的人们，所以性的光明运动到来，也比别的文明国迟而且缺乏声势。不过话虽如此，前几年也曾经有人提倡过，许多比较的先进的杂志上有时也常有这一类的文字。记得有的杂志更出过专号，以示这问题的重要和有意义。所得的成绩虽然不能说怎样可观，但至少有一点是不能忽视的，即近来已有许多人承认性知识的灌输的重要，并且已不复当它怎样的猥亵看，知道是可以公开讨论的问题了。至于更远大的成功呢，那自然依靠从事这项工作的人的努力了。

但所谓性教育运动是极不易的工作，第一，对于所讲的性知识须十分真实的，不宜事过夸张，夸张不特容易失实，且夸张与缄默实为一事的两面，将招来同样不良的结果的。

第二，讲两性关系的问题时必须十分科学的、人道的，不应含有宗教的禁欲思想和偏见，但同时也不得有导淫的色彩。关于这种问题专家讨论的很详细，这里恕不详说了。

但不幸的很，近年来国内关于性知识的出版物中，有的是含挑拨性的，有的所讲的事情并不真实的，又有的或者竟是改头换面的淫书。这且不在话下。最甚的，若举例来说，更有称自称哲学博士、洋翰林的张竞生先生的关于"性育"的种种著述。第一，他所说的不合真理：例如他说卵珠是随第三种水下来的话，就没有科学依据；这不必用近代性生理学上的道理来反驳，因为你如说出来他横直不相信，反而好像弄错是荣耀似的，会得说你太把科学"依样画葫芦"了。现在只要仍用他自己说的话来比较一下，看是否通得过去？张竞生君既不承认卵珠是随第三种水齐来的，但又承认一月只排出一次。然则在那一次的第三水下来时齐来呢？假使如张君所说的某君能每晚令女子丢此种水二十次，那么不是丢五百次水中（以二十五日计算）只有一次是有卵珠同来的么？何以和其他的四百九十九次就没有直接的关系？又许多性能力极弱的人，即使女子不排出第三种水也能受孕，又如何解释罕巴达博士（S. Herbert）言精虫即在阴户口也有进去和卵珠合并的例（见 *Physiology and Psychology of Sex* ）[1]。又何以解释？据张君说是有"联珠似的证明"的，什么"卵珠成熟与排出期通常与月经有关系，而月经又是性趣的最高表象，性趣与第三种水又是同源，由一连三，以极逻辑的推论而得上的推测"。这种推论或者在自称哲学家兼艺术家的以为可以，但非哲学家也非艺术家的我却以为不可。我觉得有事实可凭的当尊崇事实，事实上如没有卵珠和第三种水齐下的明证，光是说些"关系""表象"和什么"同源"是无济于事的。又据我所知，逻辑上所得的断案和"证明"不同的，张君说是"联珠式的证明"，我还有什么话可说呢。

其次，性知识的说明是须十分科学的，今张君所讲的不合科学，他说性部呼吸的结果可以使阳具吸高粱酒，我们姑且不问叫他吸高粱酒的意义何在？现在只问他事实是否可能？按男子的性部，阳具之外，只有睾丸，考卑氏腺、摄护腺[2]等几种腺和其输送管。不学科学的人大抵也会知道若要呼吸，必须有纳容气体出入的空腔，和能张缩为条件的，今男子性部只有这些腺体，并无可与肺相比的空腔。何能呼吸？或在张君以为膀胱只要加以张缩是能呼吸的，即使此种修炼可能，那么也是膀胱的呼吸而非性部呼吸，膀胱在生理上属泌尿系，何能与性部合而为一。

再次，张君借"性育"为名而讲道士思想的修炼，他说：

"丹田为居于脐下及男女阴阜上的位置，我国道士和尚们最讲究修练丹田……若从我们腹式呼吸修养之后，自能操纵欲火以遂人愿。"

---

[1] 《性的生理与心理》（*Physiology and Psychology of Sex*）一书 1917 年出版于伦敦。
[2] 考卑氏腺即尿道球腺（Cowper's Gland），摄护腺即前列腺。

(《新文化》三十五页）

"……丹田呼吸因其去腹部仅一间，而且有一班道士及和尚们试验过，自然也可相信，独对于性部呼吸一项，未免说得荒唐……今于下头略举诸例以证我说——有熊某先生者能把他的阳具吸入若干高粱酒。由此说来性部呼吸本是常事，可惜人们无用功夫去练习。"（同上三十六页）这种主张是否合理，更用不着我说明了。

因袭的贞操观念是有打破的必要的，但同时女子是供男子娱乐的器具的意见也应打破。张君讲失贞为不重要的问题时，不用更合理的话来说明，却说男子的不必追究女子的既往，是在于"交媾的快乐不在处女而在于女子的老练"！是在于新娘能"再安排新生命为新郎享用"！（《新文化》四十五页）岂特浅薄而已，简直谬误不堪。

前面已经说过，近来性教育运动的结果不无稍微的成绩，可是在别一方，阻力也很多；不是今日有地方上的权威者在禁止性知识的书籍，便是明日又见方士的不人道的思想驱使堕落的人们行什么"采补"了。诸如此类，不一而足。但幸而这等反对势力的来源是很明了的，禁止性书籍的，我们知道出于顽固的官厅，行采补的我们知道是出于方士的行为，此外，把性视作猥亵，下作的人，我们知道他们是未经教育或已退化的人们。唯有张君做这种性的反光明运动，却很容易使一般人眩惑，盲从，因为他说这种不合理的话的时候，是挂起"新文化"的招牌，戴上洋翰林、哲学博士的头衔，套上"常识家""哲学家""艺术家"的面具的，有时更"科学科学"的叫着，如果你揭破他的错误，他立刻会得这样说，正因为不合近代科学，所以更超人一等，以夸张他的了不得。就普通社会而论，自然有独立判断的人少，盲从的人多，张君利用这种弱点假了新文化等等好名词去灌输他的假科学，"道士试验过有效的丹田呼吸"是坏的性部呼吸，以及认女子为娱乐器的这种落后的思想，这种势力才真正是性教育运动的危机，性的光明运动的厄运！

一月九日寓

"医氓"与性学[1]

张竞生

上海流氓真多！医生本是一种最诚实的职业，当无流氓立足的余地，而卢施福、克鲁伯、顾寅等竟以医生名义专门用一种流氓的手段以欺骗世人。这班流氓大概跟随德国医生做了几年的跟人，就大吹其牛叫自己为"德医"了。这班流氓医术既不懂，"门前冷落鞍马稀"，好似四马路野鸡一样，既无顾客，自不能不出于强拉路人，于是出了一本期刊，学说既无，文笔又劣，遂致出至四十七期，销数极坏。这班流氓不得不再利用流氓的手段，以为《性史》最为时人所属目，乃用"反《性史》"专号在报上大卖其广告以为他们欺骗的工具。

以"反《性史》"为名，而其内容可说是赞成《性史》，这已可见流氓的不通与无聊也。其中对我个人则尽其泼妇骂街的能事。他们含满一嘴臭屎喷人，幸得我离得极远未尝被喷到，而他们满嘴的臭气，实在不可向迩了。

这班流氓自以为医生，而一切最普通的医学常识尚不知，故可断定他们最多是尝做过医牛的跟班而已。例如卢施福不知女阴几种水的分别竟把第三种水（Batholin 液）与子宫内的液混为一物。（他们要知此中详细情形，可以参考 Gow, *Obstetrical Society of London*, January 3, 1894，可惜这班流氓是不懂得外国文。）又据说他们所知所嗅的女阴仅为白浊或硬软疳的味道（原意），遂把阴核所排泄的香液一味抹

---

[1] 本文原刊 1927 年 3 月《新文化》第 1 卷第 3 期，署名"竞生"。

煞而以我言为荒诞。说及第三种水与卵珠成熟的关系当然理极深奥不易使卢医氓了解。（请参考本刊第二期关于此问题的讨论。）至于月经确与排卵有关，但通常月经来得太长与流血太多者多是女子身弱的表象。故强健的女子，性欲虽旺，排卵虽多，而经期甚短，流血甚少。这是一班卫生家的医生所证明，前时尚有人曾译此说在北京《晨报》登载。今我说月经期短而又少血为女子身心美好的证据；乃是依据医学与一班女子的经验而说的。又壮年女子虽完全无月经而身部仍然壮健及生育极好者，医书上也多载有，我也熟识有一妇人如此。我国人也皆知有此事实俗叫做"行暗经"。而彼卢施福医氓竟以我说为极奇怪。哈哈，这个医氓，什么医学常识尚不懂，而偏要设医局骗人，其必误杀病人与流毒社会不问而可知了。

现再说到他们同社的一个医氓克鲁伯君的医学问。他对于我所说："有些处女膜任怎样交媾总不会破，甚且生过产后，还是依然如旧。"这个精微的事实当然使这班"医生的跟人"疑到万分了。这班自称"德医"者，关于此事如他们能看德文则可参考 Guerard, *Zentralblatt fur Gynakologie*, No.15, 1895 又可参看 Brun, 同书的 No.23, 1895。我今再证实些，不免于下抄英文一段："The hymen may be of a <u>yielding</u> or <u>folding</u> type, so that complete penetration may take place and yet the hymen be afterwards found unruptured. It occasionally happens that the hymen is found <u>intact at the end of pregnancy</u>."本来"医氓"不懂外文可以请人翻译，我不耐烦代劳，不过现为一般读者起见，遂为译文如下："有一种双褶及柔软的处女膜，虽阳具全插入，过后而膜尚依然不破。有时则处女膜于生产后（at the end of pregnancy）仍然保存其固有状态。"intact"这是 H. Ellis, 根据上举 Guerald 的事实后而说的（看他著的 *Studies in the psychology of Sex*, 第五册，第一百三十九页），克君看此当知这样事实不是由我杜撰了。

此外尚有一件非关我事而实为极紧要的辩论者，即施福医氓对了一个妇人卅岁后，性欲才行发达，遂说："由这里我们便感觉着今日两性婚姻的年龄确有男早（十五岁以后）女迟（三十岁以后）的必要。"这真荒谬之极！女子确有三十岁以后性欲才行发展者（我接到这样性史也不少），但这是"例外"，不是常例。断不能以一些例外概论大多数的通例。即使女子通例是卅岁以后性欲才大，也断不可如卢氓所说男子十五恰合配了一个卅岁妇人的性欲。据总计表所载男女发生性欲的年龄大抵差不多在十四五岁左右（除些民族特别迟早外），女子在这个时期比男子好似性欲缺少者乃因女子自然上比男子怕羞，社会上又是压女提男的，而交媾上少孩样的男子又不能使女子出第三种水以致女子不感得什么性趣。其实，当性欲初期男女大都跃跃欲试，因其年龄太稚，女的固不堪大战，男的也不能持久。通常十五岁男孩的作战不过放"气炮"耳，毫无浓厚的精液与着实的气力，今卢氓乃要使他抵御卅岁妇人的劲旅，则我们将看尽天下的男子皆变为痨鬼了。即使可能，则女子四十余岁经停而性衰，而其匹偶的男子止是三十岁人，方当盛年性旺的时代，其将何以堪此！？我国北方有一区域因为"家庭经济关系"常有男子所配的妇人比他大十几岁，这样婚姻，结果甚劣。数年前有在北京报登载《"怎么样办"》一文即为叙述他（男子）方壮阳，而其女人已经老媪的惨史。

　　故以自然法则说：男子总当比女子大多数岁以至十岁。而结婚年龄以我国说，女子应以廿至廿五岁为合，而男子则为三十至三十五岁为宜。如此，女的固然宜为妻为母，而男亦合为人夫与为人父。女到三十而为"狼"，男则三十五至四十也如"虎"了！到女子四十余岁经停，而男子也已五十余而精疲了，如此配合，始免生出男女对于性欲的龃龉。

　　这样事情，在我国本已行过，所谓"女子二十而嫁，男子三十而娶"是也，今各国也已实行男大女小的婚姻。我们正痛恨我国婚姻的太早与男子比女子的年龄太相近（大多男比女大二岁，或则同年龄，或女比男大一二岁），而卢氓更是提出了女大男十几岁的婚姻法，这真太不合乎自然了。

总之这班医氓充其量不过能够为人注射性具内的白浊而已，而且常常不能医治好，以便延长时期俾得敲病人的大竹杠，试问他们晓得是什么医学？他们当然更不晓得什么是性学！他们流氓般地对我毒骂，无非要使人知他们敢骂"性欲博士"（？）必定本领大得非凡。寄语世人，勿上这般流氓之当，他们学识的拙劣与其存心的卑鄙，皆可从他们"反性史"看出了。我今反骂他们一顿，已算降低我人格，但对这班流氓，非如此又无别法使他们稍稍闭其鸟嘴也！

一串极重要的问题[1]

张竞生

我们一班朋友时常集会，虽用清茶或咖啡以助兴或每一二星期有一次薄饮，但醉翁之意不在酒，乃欲借此倾吐我们惊人的议论而已。友侪中时有透辟的论锋者当推举华林君为最。彼极恨我国人的薄情，尤极看轻我国妇人的冷酷，谅解此君的心情者恐以我个人为最多。我辈彼此皆尝过此中苦滋味，因不知不觉起了同病相怜之感。可是，华君对中国事业取消极情状，而我则取积极的态度，此乃不同之点也。其余社友也各有新奇的思想，今将彼此月来所谈的结果汇集于下，有些竟分不出是谁所提议的了。

（一）大奶提倡——我们谈到我国人束奶的患害比缠脚还大。缠脚仅戕贼脚，而束奶乃在戕贼胸部。戕贼脚不过使脚不能行走，戕贼胸，则可使本人胸部不发展以致多罹肺病而死亡。幸而生存者，也致身体衰弱。以言美趣，则两奶平平细细，好似男子身一样的无表见。以言育婴，其关系于种族甚大，此等母亲，类皆无充足的乳汁。以言性欲，更有直接的损失。奶为性部的　重要机关。摧残奶部，无异摧残性部，由此而使性趣减少，此层我将于本刊下期长文去讨论。总之，提倡大奶——即反对束胸，乃我国今日一个重要的问题。本刊虽为别种材料所限，不能特出专号，但愿于下期特刊一栏——大奶专栏——当从种种方面，提倡大奶的利益与指明束奶的弊害。读者诸君

---

[1]　本文原刊1927年3月《新文化》第1卷第3期。

如有深微的见解深望不吝教益,示以周行。

(二)咖啡社——我们提议成立一个咖啡社。每月聚集二次,从晚饭后,一直到天光,终夜不睡仅许饮咖啡及用些点心,会址就在敝寓——法界萨坡赛路丰裕里九十四号——我们所做咖啡,特别有美味,大非市上所卖的可比。我提议在此"咖啡夜"中,尽一夜之力,须作一万字的文章。华君则说此太费力,不如请各人讲演其所得。总之,社友须以能长夜不眠为合格,所作何事各听各人的兴趣。每月一二夜不眠,或在屋内深思长虑,或出外看看天光夜色,确是有趣;我个人常作这样长夜不眠的生活确实受益不少。

我们以咖啡为号召者,其中自有道理,咖啡甚提神而且富有糖质的补益,它比清茶及酒另有一种位置,所以我们不愿做茶中清客,也不愿为醉中八仙,只望为"咖啡客"而已。多饮美醇的咖啡,使周身血液流通愉快,好似身内的组织要向外边扩充与并合一样,这时好似"神而化之",故我们希望从咖啡得到神境而成为"咖啡神"也,一切社费由我出,但人数不能过八人。男女不别。

(三)试验结婚——这是我个人现时所要试验的。给我意见者为蔼理思在《性心理》第六书中所说。不过此书所说的连性交也要试验。我则尚是中国道德家,只求男女于未婚前同住一二个月使彼此知道各人的才能、行为与性情的实状,就够了。(性交一项可以豁免,但求觉察臀部及奶发达到何地步就可决定其性趣大小。若女子方面,则在考察男子的身体是否着实。)如彼此各种条件相合,从此结婚,当然较能得到美满的伴侣,我意为父母者于子女要结婚时能使子女所满意的男女到家一同生活,除他们互相观察外,而父母又可供适当的意见于子女,其成绩尤为美满。

(四)裸体跳舞会——这是一个朋友看了德国的"裸体博赛会"而想出的,会址就设在这个朋友家,每星期聚集一次,社员不论男女都赤裸裸跳他们得意之舞。由此(1)可以练有好身材,(2)可以养成裸体的风尚,(3)可以得到跳舞的真艺术。这虽是一种现社会不许公开的会社，但入社者均出本人愿意。社中又有极正经的规条，充其量也不过等于日本男女会合一气的裸浴而已。而况这社既属秘密组织的性质，社外人无从得以饱其眼福，于社会的风纪上定然无碍，但社员须要经过严密的审查方许入会。

（五）世界人——这是华林君所提倡的，他说，我们当放大眼光，到外国去，研究一种学术，其效力以能够震动全世界为目的。壮哉言也！我国一班留学生的不长进就在，汲汲在外国取得一头衔后就赶快回国来钻营。他们目的则在中国，以致学问未到深造，但求能够骗中国人就洋洋得意了。我们今后应当觉悟，应以世界人自居。凡能以学术德行震动全世界者，同时自然能够震动中国人。竞生今后益当奋勉，但愿于三年内把"审美丛书"出到六册，希望得其版税足以为我及妻儿住欧生活费，则我愿从此专治一业以终老，而期此业有益于全世界为止境。华林君也望于数月后到欧洲去，永不回国。他说："幸而做些有益于全人类的事业，否则，宁愿自堕于瑞士山之谷不使人知其究竟也。"我悲叹华君的志气，我愈奋勉我自己的前程。

（六）情杀研究院——我们中国人最喜欢"中庸之道"的。他们最怕的是彻底与极端的情感与行为。但近日竟在报端上发现了不少的情杀案，而为情自杀自毁的也日加其多，这是一个极有价值的研究。凡苟以爱情而无别种卑污的观念以杀其被爱或自杀者，我们当将其事实与心情详细地付诸审查研究。遇必要时并愿出庭及在报纸上为当事人作辩护，希望由此可以奖进我国人用爱者的情感及减少一班薄幸者的行为。

性部呼吸![1]

张竞生

这个题目吓死许多人！它来头比"第三种水与卵珠的关系"及"有些处女膜虽生过子后尚未破"二问题来得更凶。一班自命为科学家者，有的说："我们明白尿道口一直向上便到精阜，由精阜入口便是摄护腺，摄护腺内有两条输精管分达左右睾丸，这些所经过的小管空洞面积很小。而精阜与尿道开口处平时收得很紧，除射精时冲开。由精阜向上一点便是膀胱口，这个口也缩得很紧不让尿随意漏出。由尿道至精阜睾丸就叫性部，膀胱是属泌尿部了。由上面解剖生理上看来，性部决不能容受什么空气，更不能营什么呼吸是很显明的了。然而张博士说能呼吸岂不是理外的话么。"以上是照抄一个自称什么医士之言。因其医士，所以说得一部分不算大错。又因其为不亨的医士，所以他竟忘却了生理的整个作用，而只在性部一小范围上着想。此中理由，待下再详。

又有的说："男子性部只有一些腺体，并无与肺相比的空腔，何能呼吸？"

这后一说比前者更说得俗浅，但他们却有些共同点，若出一辙，即（一）不知呼吸是什么意义，（二）不知性部与呼吸系的关系，其（三）因此，便不明性部呼吸究是怎样一回事。今先容我说第一点。

---

[1] 本文原刊1927年5月《新文化》第1卷第4期。

一、呼吸的真意义

因为有机体将炭气排出而将外界养气收入，以是一排一收之间便成了一呼一吸的现象。[1]故呼吸乃是一种"气的交换"，其交换地方不是必要在肺部，海绵类的呼吸机关乃在皮肤，虫蝶类则在器管，鱼类为鳃部，至人类始在肺。但肺不过为一明显的呼吸机关而已。实则我人全身的细胞皆能呼吸，即每个细胞的生存一面在排泄炭气而一面在吸取养气。它们这样的输运，在身内则全靠静、动二脉为机关，其在外则仗皮肤为媒介。简单说：每次的肺部一呼，则全身细胞也同时一呼，因为此时全身的静脉系乃在做它输出炭气的工作。及肺部一吸，则全身细胞也同时一吸，因为此时全身的动脉系乃在做它运入养气的工作，从实说来，动静脉管乃输运炭、养二气的介绍人，而肺部不过为对外接洽的机关而已。其主要点仍在细胞内部的吐吞气质。读者疑我言乎？我今抄下一本著名人体解剖学的说明于后，以证我说之有根据：

> The blood stands as an intermediate element between the cells of the body and the medium inhabited by the animals, and serves as a carrier of the gases between them. Moreover, special organs are provided for rapid interchange between the air and blood, which constitute the so-called respiratory system.（Morris, *Human Anatomy*, p.1224）

严格来说：所谓呼吸的真义，不在肺部的伸缩——肺部不过一个传递气的机关而已。呼吸的真义，乃是由一切细胞吐炭吞养的作用而

---

[1] 当时元素名称尚未规范，碳元素用名炭，氧元素用名氧。炭气指二氧化碳。

生出的一种伸缩的形状。这好譬火炉的构造然，肺部的呼吸乃是炉门所装扇页的开合。无他，火炉固然不能有火，但这个扇页并不是炉火的中坚分子，它的中坚分子乃是炭与养气，有此二物，而火炉自有生命的表现。扇页的抽动不过为一种机械的作用，由此而使炉内的火焰得以燃烧，而且爆裂更快、燃烧更猛而已。

照上说来，肺部呼吸的作用乃在使身内细胞呈现其活动伸缩的生命，故第一步练习肺部深呼吸，无非要使身内各种细胞及经络更呈其活动与伸缩的能力。性部自然是身体的一部，由此而论，由肺部的呼吸已能使性部细胞得到呼吸与伸缩的效果，而况我们尚有腹部、丹田、及性部自身的呼吸法乎？（此三层待后详）

二、性部与呼吸系确有相关系的证明

凡被缢死的人，因其颈的呼吸系被扼住不通，而阴户或阳具同时流下许多的精液。Godara 观察许多兽之被勒死者，出精甚多，而且富于精虫及卵珠。性器官虽不发动而兽尾好似生前交媾一样摆动的表示。这个虽然不能说为生物在缢死时始能得到性欲充分快乐的证据，但呼吸系与性部确有互相关联是显然的了。

又据 Minovici 所考察，竟得到有个人为了非把呼吸系扼塞起来不能得到性欲畅快的缘故，而至于自缢起来。就 Bernalpo de Ouirós 和 Leanos Agnilamedo 所说：有一嫖客愿意斜靠着而嘱另一妓在其后面勒其颈。迨将绝气，然后得到性交的满足。其他尚有某夫人及许多男子也有与上同样的倾向（详见霭理思《性心理》第一百五十三页），这些足以证明从呼吸系的紧张而直接影响于性部了。

反之，从性部的刺激而也能影响于呼吸系的。在《亚拉伯之夜》一书中尝记着妇人见了美男子而神魂散失，其渴想与美男子亲近的热忱，迨至于呼吸为之窒绝云云。我国许多淫书描写女子于交媾时，其快乐至于窒息如死一样的惊杀人！也是同样意义的解释。这两部关系——呼吸系与性部——的详情虽未十分充畅。但其事实，则其显明，似乎不容加以否认了。要知其端的请参考下二书：1. Angell and Thompsom, *A Study of the Relation Between Certain Organic Processes and Consciousness*；2. Rulpe, *Outlines of Phychology*, Part I, section 2, cos 37。

总之，男当交媾达到射精与女子达到出第三种水时，其呼吸甚薄弱与急促，有时则几于不能接续。由闭息的结果，而使血成毒素，遂使全身血压度数提高，尤其是在性部的纤维系中。心房跳跃非常厉害，以是大动脉表现极出，与性部红得可怜。凡此皆可证明性部与呼吸及血运具有一气合作的现象。

三、性部呼吸的实状

性部呼吸的现象分析起来可概括为三大部：（一）血液的消长，（二）神经系的感觉，（三）筋络的伸缩。今就第一项先说。

（一）血液的消长

现先说女阴吧。阴道膜呼吸力甚大，尤其是当女子性趣甚浓时。Rio'an 说 Abyssinia（非洲东部）妇人当其站立将两脚叉开而交媾时，仅用阴道肉的活动即能将阳具吸入。虽阳具不动，而阴户自能使它射精。又据 Lorion 所说安南妇人当其男子阳具半扬时就能用阴道膜的活动以成其事。又谓那里男子的阳具甚小，若非女阴帮助，则房事必不能达美满的结果。Chidley 述一女子当其见久别的情人，一时性动，竟将其内裤之带吸入阴道去了！他又说：凡一切兽类的交合，不是雄阳用力塞入，乃系雌阴把它吸入的。据种种观察，可以得到雄阳实在不能够全部塞入雌阴的事实。因为雄阳乃一极柔软而又极机械之物，仅能在雌阴外东试西验以便中其目的。但必须雌阴已到愿意时，始许接受雄阳入内也。这是说雄阳实在不能进入，因为它乃柔软而易于屈折之物。幸而雌阴乃一灵感生动而富于吸性者，故只要雄对雌一言笑、一抚摩、一表情、一触动的挑拨，雌阴即能将雄阳好好吸入。若雌阴不愿意吸引，任凭雄阳怎样方法，总归失败（除了人类用强奸外）！

以上所举例证已足证明女阴是善于吸引者。此外，子宫也为一种善于吸引的机关。据 Wermich 的试验所得得知子宫于性兴时稍坠下来以作吸引的动作，目的在吸紧龟头。及后 Bech 与 Panl-Wundle 观察的结果皆同，均承认子宫却是一个呼吸器 asipratory（参看本刊第二期《第三种水与……》一条）。

由子宫的吸力，遂能引收精液与精虫入子宫内。先前之人不知此种现象，虽天才如 Harvey 经过若干观察之后，对于精虫怎样能入子宫终莫名其妙。及后他说妇人于交媾后，其吸收男精，并无"物缘"的助力，不过似一种吸石与铁的互相吸引而已。

说到男子的性部，尤其是阳具硬邦邦或软绵绵，其吸力当然比女阴为无形，但它也有相似的表现。当其软绵绵时则睾袋常常伸缩如一活动之物，其状似要捉拿外边仇敌一样。尤其是当其硬邦邦时则阳具充血，不停颤动，时时预备作战。可是此不过就其单独及平时而言，其吸引力尚未大见得。若当其入阴户时，则其吸引之状，更觉得可观。它的外面处处与灵动的阴道周围相吸引，其热烈的，彼此吸引到如拼成一块几不可开交。而当射精时，于排除之后，其内孔与性腺起了极大的收缩，常常由此吸入女阴液与热气。

总之，就男女性部说，它们皆是海绵质的，皆是富有伸缩的。它们所以有伸缩力，这个一边靠神经系的作用；一边则靠其筋络的伸缩，另一边则全靠血液的消长。而血液的消长则与在呼吸有相关系。换句话说，无呼吸则无血液，同时则女性部的海绵质也无法能伸胀了。其呼吸好的人，血液则极盛，而性部海绵质的伸缩力（呼吸力）

也从而强大了。这是证明性部呼吸力直接与血液的循环，间接与肺部的呼吸力有相关系的。

（二）神经系的感觉

以上系就性部血管的伸缩与呼吸互相关系而言之，此层当然为生理所必有之事。以下再就性部的神经系统说，此间的神经系特别灵敏。故就狭义说，阴阳具的吸引与放松有时则靠性神经中枢的命令。而就其广义说，性即生命，性神经的分布甚广，可说全身皆有，不过兴趣的感触，有些地方比较强烈，而有些地方则为微弱罢了。今择全身中几处为强烈的性神经部分为证例如下：

（1）指窝及掌心——这二处被爱人触着，常发起强大的性欲。

（2）嘴唇——此处更具有非常的性感觉，亚拉伯人说得真对："一个湿热的亲吻胜过于一次急性的交媾。"亲吻确实能够满足性欲，因为此举不但能使性神经起了极大的愉快，而且津液的交换、呼吸的相通，确能使男女融合为一的表示。由亲吻而至于交卷舌头此为再进一步交换生命的表示也！

（3）腋窝——尤其是在未曾交媾过的男女，腋窝更为性的逗藏所。对待少女，只要指头儿向此处一挠，包管全身如绵软了，同时伊也得到性欲的满足。

（4）颈部——鸳鸯交颈而睡，无乃颈有神秘的行乐处所耶？总之，雪白编贝之牙轻轻地向对方人（尤其是女对男）的颈一咬，好似一缕热气从咬者口内传入咽喉而使被咬者气息要暂断一样，那时性趣，真不可以形容！

（5）奶部——奶与生殖器关系这层更无须乎骇异了。尤其是女子发达的奶部。生子后将乳头给小孩食乳时，为母者每每觉得阴部有无穷的性趣比与男子性交仍有一种快乐也。以爱人热烘烘的掌心抚摩女子的奶部，彼此之乐，乐真无央！在此应当附说者，奶部愈发展的，性趣也愈强盛。男子奶部比女子小，故性趣在男奶部分也比在女子方面为少，而女子奶部小的，性趣也自然而然地少。故我国女子的束奶，直接使女子减少性趣，而间接也使对手男子失却性趣了。又奶部发展，除与性关系外，当然与肺部的呼吸有大交连，凡肺部呼吸力少的，奶部也不发达。其肺部呼吸力大的，奶部也随而扩展。由此而观，可见呼吸与性欲更有显明的关系了。

我们也可再论及脚心也有性的感觉在。故从头之唇至手脚部，从外的奶至内的舌头，皆有性的强烈的感触系在。由此可见有班人仅看性部的极点为睾丸与其腺体之为浅薄了。须知人生的生机物，是整个体。性又为生命整个体的表现。把性部仅仅统括在阴阳具的外形及其内腺的系统中，此为解剖学者碎零零的"死"看法与"部分"看法，而并不是生理学家与生物学家之"活着"看法及"整个"看法也。

由上的性神经系统说来：

第一，性部乃是全生命的表现，而要使它达到这目的，当然要使神经系灵妙不可，而这个又非从呼吸做起不可。即非把全身血液的循环使它四通八达不可。——这因为从健全的呼吸做起而使全身血液灵通后，其人的性神经亦必变为灵敏。具有性神经灵敏感觉之人，尤其是女子，只要对手人一经接触，好似全身被电击一样的颤动。我曾在电影（片名《天堂之盗》）上见一女子，当其为爱人一扶持时已觉周身酥软了，至于亲吻之际，更显见其周身动弹不得的状态了。这个描写不是过分。凡性神经感觉灵敏之人，与其爱人偎依之际，确有星眼难开，神态如醉的样子，只要爱人的眼一相勾、手一相摩、足一相蹑，便足以表现了最大的性趣，同时也得到全身最大的乐趣。故性交的广义，不在性交的部分与交媾的时期，乃在全身的颤动与情勾的光景。但要这个全身灵敏的性神经，我再说一遍，非从好好的呼吸做起不可。我又在片上见一女子被情人一接手其肺胸部同时现出极膨胀之状。因为性神经灵敏，全在其人有真正的"生命力"，而给予这个"生命力"的关键，全在呼吸的力量。好好的呼吸——如下面将说的呼吸能使全身血液的热气沸腾。又经与性部的锻炼与爱情的鼓荡，遂使性神经得了身体热气的燃烧与情感的刺激，格外灵敏起来，因此不但在阴阳具的性神经具有无量的感觉力，所谓"蘸着些儿麻上来"确实有此情状。并且，这些性神经力量又能贯及于周身，遂使全身颤动而不能自持了。（未完待续）

性部与丹田呼吸[1]（续上期）

张竞生

（三）筋络的伸缩

从上说的性部与血液及神经的关系看来，已经得到性部能够呼吸的一些事实了，今就筋络一方而说更可见到性部呼吸的许多状态。

因为此层的事实与本题关系最大，故分为二层解释如下：

（甲）

组成尻部膜 pelvic diaphragm 的筋络有二：一属于骶骨部者 coccygeus muscles，而一属于肛部 levator ani muscles。这两种筋络的作用是：一面使尻盘膜与胸腹膜呼吸时的气压互相伸缩；而一边则在能紧松性具。

此处应请读者大注意特注意：这些筋的作用乃因胸腹膜呼吸的关系，而使尻盘膜与性具也从而呼吸伸缩者。我今特录下文以免使人说我"不科学"！

The levator ani and coccygeal muscles of two sides form a funnel shaped muscular support for the pelvic viscera. When the abdominothoralic diaphragm contracts, as during inspiration, the pressure on the viscera is transmitted to the pelvic diaphragm which

---

[1] 本文原刊1927年7月《新文化》第1卷第5期。

性部与丹田呼吸（续上期）

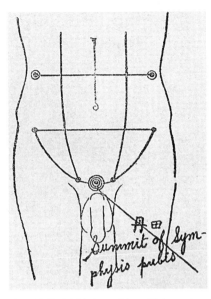

插图 A　根据上说《解剖学》九一六图，页数为——七一

resists the pressure and elevates the viscera when the abdominothoracic diaphragm relaxes. The levator ani muscle also constricts the rectum and pulls it forward and in the female constricts the vagina from side to side.

将上文直译起来则为：

> 由两边的肛部及骶骨部的筋络组合成为漏斗样的架式以便支撑尻部的内积（pelvic viscera），当胸腹膜收缩时（即吸气时），脏腑的压力由是传递到尻盘膜，而使这膜同时抵御其压力。但当胸膜放松时（即呼气时），尻骨膜就向上抵起了尻部的内积，又肛部筋能使直肠向前伸与使女阴各方面起收缩。

上文所根据的为 Morris's *Human Anatomy* 第四百七十三页的原文，

这想可靠得住了，单就这层说已经看出性部呼吸与胸腹呼吸完全串通一气了。今我们再进取一个更直接的证据来。

（乙）

为性机关的上部而其职务乃在介绍其下部与腹部直接连络者为"耻骨缝"symphysis pubis，其最高处西文名为 summit of symphysis pubis，而最好不过的则用我国旧有的名词为"丹田"（说详后）！今附阅（A）如上。

就其外形看来，它为腹与阴部的交点，也可以说是腹的一部分。Jackson 教授说："从广义说，腹的范围可及于耻骨部。"（In a broad sence, the term abdomen is also used to include the pelvis.）

可是，我们应当记住是由耻骨缝的筋络叫为 interpubic fibrocartilage-lamina fibrocartilaginea interpubica 者，由它的介绍而与膀胱前壁、摄护腺、可白氏腺，及阳具，与女子的阴部全部分均相关联。下列三图皆由 Marris's *Human Anatomy* 一书所借用。

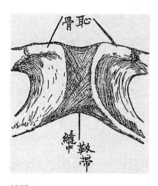

插图 B

现先就 C 图说，而使我们最触目者在为耻骨缝的韧筋能够囊括到可白氏腺及摄护腺，而一面又能拒住尿道与射精管。这个可见耻骨缝的筋络之重要了。其在女子方面（看图 D）则耻骨缝筋与阴核及子宫等在互相关联。

总上说来，男女性部完全是与胸腹部呼吸刻刻相通的了。这个性部有筋络，有隔膜，筋络可以伸缩，隔膜可以透气。由筋络的伸缩而使隔膜的空气膨胀与消退。由是而使性部的孔隙现出呼吸的作用了。

就上三段分说起来，即从血液、神经及筋络三方面分开起来皆可得到性部有呼吸可能的事实。因为在这些地方，性神经为最灵敏，而筋络的伸缩又极灵动，又血液涨落的程度于冲动时与冲动后的相差极大，故当冲动时，即同时性神经受了刺激，同时血液膨胀，同时筋络

性部与丹田呼吸（续上期）

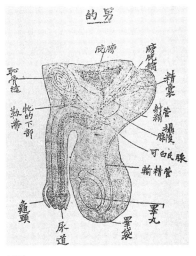

插图 C

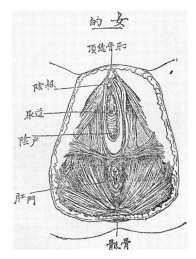

插图 D

与隔膜（diaphragm）也起了伸缩的作用。由此三端组合起来更可见性部呼吸为确然有征了。可是司管此呼吸的总钥，却在"丹田"，故我们现当特别讨论这"丹田呼吸"的问题了。

四、丹田呼吸

经过上段解释之后，我们现当进入一个极重要问题的讨论。即丹田有无这个位置？及是否能呼吸？但就图 A 所指示的位置，显然是我国所谓的丹田位置了！这个丹田位置即在下腹与阴阜的中交心点。自然，西人不会晓得这"丹田"的二个中国字怎么写，遂写它们一个普通的解释为 summit of symphysis pubis（即耻骨缝最高点）。但我不叫为"耻骨缝最高点"而为"丹田"者，因为"耻骨缝最高点"六字不成为专名，而"丹田"为专名。又因这个位置甚属重要，实有采用专名的必要。这个"丹田"专名比什么"耻骨缝最高点"已经好得几十倍，而比照西文叫为 summit of sumphysis pubis 更好得几百倍，至于比日本化者（如周建人君辈）的叫它为"萨米特呵佛孙飞丝死屁尿死"！更胜得几千万倍了。

　　故就名词说，我们应该叫它为"丹田"。虽然免不了被人诬赖为提倡道士的思想，但此好似听见人说"太阳穴"就可说他提倡"太阳教"，与看见"鼠蹊腺"三字就可诬说他在宣布"鼠疫教"一样的可笑。故我们正不必因其名可诬赖而至于不敢采用也。实则，"丹田"二字不但名称好，而且意义也相符："性神经中枢"昔时学者认为在脊髓下部，今有较合理的主张（如莫尔列氏等），则以在"骨盘的交感网"。我极赞成后说，因"骨盘交感网"乃男女性部各种重要机关之所在，其性神经与筋膜也极密布与灵动，故说此网为性神经的中枢，完全不错。是说把骨盘交感网一行刺激，则性欲的火焰遂而爆发。但请诸位看上图C则可知道则可知道"耻骨缝最高点"（即"丹田"）乃为骨盘交感网的纲领。由此处一拨动，则全盘性部的火就燃烧了。故道家叫它"丹田"，若取义为藏丹之田则大错。但若把"丹"字看为形容词，形容此处为赤烈烈的田地（因为性欲盛时，此处确是赤烈烈地燃烧着），则道士学说也未必无根据。我们性学家看丹田当然不是藏丹之地，乃是性欲枢纽之所在，故视彼道家之修炼丹田正为锻炼性机关之作用。道家的思想原意比我们所说的更好，否则我们正无妨就其荒谬的旧说而创为的确的新论。这好比道家的最大错误为炼丹，但从化学家看来，他们也有相当的功劳，因为这样炼丹提汞正为化学的根源。此层法国化学家伯多勒论之已详。我以为事同一律，我们视道家之炼丹田，假设它为正面（修丹）的错误，而适成为反面（性学）的策源地也。

　　事情说来真奇怪。道家的丹田、佛家的坐禅、儒家的静坐，由我们看起来完全为锻炼性部的作用，或许他们道家以为修养丹田可以长生不死，或许佛家以为坐禅可以通神证果，或许儒家以为静坐可以修心养性，但此皆自骗自。其根源乃因道姑道士、和尚尼姑及一班书呆子，他们都是独身寡侣的，又是闲居无事的，试问他们怎样消遣性

性部与丹田呼吸（续上期）

欲？坏的和尚自然养小和尚。坏的道姑自然去寻大师父。但真正的出家人，不能不从修养性部一方面做功夫了。

这个修养性部的功夫，三教原是同流，所谓丹田，所谓参禅，所谓静坐，不过是各派的专名词。其实皆是做下耻骨缝的呼吸功夫，他们都是聚精会神于这个司管性部的处所，而使自己能够操纵性欲而不为性欲所操纵。虽则他们并无一定操着胜算的锻炼方法，不过靠住静坐与各人修养的功夫罢了。故有成功的有失败的。其成功者，则"头似雪，鬓如霜，面如少年，得内养，貌堂堂，声朗朗"。其失败者则如妙玉的坐禅受魔，可怜她青春冲动，欲火上攻，胸昏神迷，口吐沫而状癫狂。

总之，丹田的重要，可以从下头诸项作用看出来。

（一）从生理上看出丹田筋络的重要

就男子说，请看图 C 可见耻骨缝（即丹田）的韧带所统辖的为三个机关：一为尿管，一为可白氏腺，而一为摄护腺。由此可见丹田韧带锻炼的重要了。怎样锻炼，请待后说，我今要使人注意者若能把这项锻炼好，则可以得到性欲的无限兴趣，与精虫活泼，从此也可以得到优种与自己身体的强健，各种理由说一说。

（a）普通男子交媾不甚得到快乐的，大概他们身体有病或性官有病或有摄护腺炎种种以致阳具不能十分起劲，纵然起劲也不能耐久就射精，今若"丹田韧带"有了十足好的伸缩力，则于阳具起劲时，起始能管束可白氏腺与摄护腺。这个作用甚属重要。因为普通男子所以速于射精者乃因可白氏腺，尤其是摄护腺的松放（常常因炎病）。今将这二项腺管束得住，则阳具虽拥血将不至于即射精。因为这二项腺不放松，则精囊的液不能射出。到此，我请读者大大注意是：这样的交媾自然能得到十分美满，因此时阳具的血管膨胀得极厉害，遂使周围热得好似一条火棍。不但热烈烈地有生气，而且猛辣辣地有电味。由此又能得到阴具的互相吸引与挑动，其快美真不可以形容了。若就

169

其阳具内部说，则因外围的热气与电流拨动而使内分泌不能不去调剂它。但为"丹田韧筋"所管束，它们各种分泌，如可白氏摄护腺等无法可以多排出。由此而使阳具分外干燥！由此也使它分外发热与生电！由此更使它分外起劲！由此而使当事者格外高兴！如此支持至廿分、半点、一点、二点，以至三四点钟之久，始行射精。这就在射精前与将射精时的情景，已使人乐不思蜀了。通常性书均说男的性感增加极快而消失也快，又说男的性感仅在性机关一部分，这些乃指通常男子的射精速者而言。若我们所说的男子，其性的快感可延至若干久而在此延久的时间中，其性的快感先则在阳具周围，继则到骨盘交媾网内的各机关，而终传到全身的神经系，此时全身皆如受电一样，满体发热，眼神昏乱。嘴里常发出一种无意义的声音。这因一方面的神经受冲动，而一方面的血液受高压，又因一方面的筋络起紧张，由这三者的组合而成为肺部的呼吸短促。腹部隔膜遂而受其影响而起激烈的运动。由是而"骨盘交感网"的腔膜受了胸腹部的影响也遂而起伸缩的动作。故将射精之时，女子的阴具格外紧凑，而男阳格外膨胀。这可见由骨盘交感网内部的伸缩而使男女性官的外面也遂而起呼吸了。简括起来，在将射精时，肺、腹、丹田、骨盘交感网，及性具外面统合为一气的呼吸与伸缩起来了。这个情状为一般普通人所同具（除有疾病外）。而凡平时锻炼丹田的人更能于此时随意延缓其射精而多得到上半身全部的紧张与统一的快乐。故不管男人和女人，凡能这样善于锻炼者，其快乐比普通人特别多处，就在于普通人不能支持而必射精与丢水之时，他们竟能临岸勒马弯弓不发，如此久而久之。由是性神经更加刺激，血液更加高压，与筋络更加紧张。而肺部呼吸由此更特别受了性部外面、骨盘交感网及丹田与腹部等处的神经刺激，与血压及筋络的紧张，以至于呼吸逐渐急促到几不能成为呼吸好似气息被压抑不能出来一样。如此支持到极端快乐极度不能支持的时候始行射精与丢第三种水。此时，男的可白氏腺与摄护腺，及女的巴多林腺与各种性部腺，均因前时极端被管束得紧的反动，而充分使出它们的气力，满将其泌液射击出来，其射精管也得连带的解放而充分将精液射击出来。如此，先前得性官的紧张，是一快乐也，此时又得充分的松放，又一快乐也。而全身的神经与血液及筋络，因前时的极端被压迫与射精后的极端被解放竟得全身的快乐。真的性乐确实如此。可惜普通人不能极端领略，仅能得其概略而已。

（b）其实，这岂仅为一时的快乐而已哉！并且由此可得活泼雄健的精虫。其关系于优种更可使我们得到较久的快乐也。因为摄护腺所排的碱性，其作用能助长精虫活泼与培植其生气，这层事实应为大家所知道了。那么，摄护腺能愈排多液则精虫愈活动而有生气了。故使摄护腺有充分的伸缩力，同时而使男子射精迟缓，同时又使摄护腺多射其液，同时又使精虫得到活动有生气，同时即使结成的胎孩有生气与壮健了。至于可白氏腺的作用至今人仅知为润滑尿道之用。但我想它的最大功能还在锁缩作用。这好比是头层关卡。其筋络如不开放，则摄护腺也不开放，同时射精囊不能射出精虫来了。

总之，摄护腺及可白氏腺一边在射出腺液，使得精虫活动有生气以及为润滑尿道之用，而一边在紧扣与弛放射精管。从交媾的观点上说，后层的关系尤大。盖男子性趣的大小与射精时间的迟缓全在于此。故除却二腺别有病外，尤其是摄护腺常因淋病而起炎症外，男人们所以不能享得完满的性交者，全因不能操纵这二腺之所致。但我们已在上说明丹田筋络为这些腺的操纵机关了，故男子由丹田呼吸而能操纵摄护腺与可白氏腺及尿道筋与射精管也能操纵射精时间的久暂了。

（二）从女子生殖器见到与丹田筋络的关系

丹田下部的筋络关系于女子的作用比男子更大。今举其大端有三：
（a）这些筋络能直接或间接收缩与弛放阴户。
（b）它与卵巢及子宫的部位与活动时时有共同的关系。
（c）它于产婴时能放松骨盘使儿头易出。

就第一项说。它的详细情状已在上说过：阴道灵敏的收缩，一部分靠了丹田筋络之力。说及卵巢及子宫的康健实在也与这些筋络有互相交连。故女子能把丹田呼吸得好，她所得的利益甚大。第一，阴户的收缩与放松极能借置裕如。通常女子感觉性兴而出的第三种水的时期甚长。我们在《美的性欲》一文说这些由于女子性部的范围甚广大。但假使女子们能有操纵性部的能力，则出第三种水的时间也可以如意安排了。第三种水大多数的成分为 Batholin 腺。此腺与丹田筋络自然也有互相的关联。因为性部的机关虽繁杂，如就女子说，有所谓阴道、巴多林腺、阴核、子宫等等。但它们有一个中心的机关，即所谓性神经中枢是，而它的部位已如上说，则为"骨盘交感网"。而为此网的主脑者即为丹田的各种筋络也。

所以女子也如男子一样而尤比男子更重要者，如伊能把丹田的筋络好好锻炼，不但得到性交的无限兴趣，而且由此，可使其月经出血达到极少量，因为子宫黏膜诸小血管的破裂所出血量的多少，全靠女子子宫的强弱而定，故有些女子流至二百五十格兰姆[1]以上者，有的仅出到十格即止。有的女子当月经时则觉得诸般痛苦，而有的则毫无关系。这个固然由各人身体而定，但以后女子们能够把性部锻炼得好，即如我们下头所说的三种呼吸去做，大概多能得到月经血少而愉快。由这些锻炼而又能使卵巢强壮富于热气而多生强壮的卵珠，其关系于优种更大也。

说及女子的丹田韧带有强大的收缩力，于生小孩时将盘骨上方靠紧，而使其下方放松以便婴孩出来。这个不但女子免却生产之苦，而且免有种种因产而死的危险。并且由此可使婴孩免受磨难与平时胎内能得养成肥大的头颅。人说，人类文明，全靠母的盘骨宽大。故少女的锻炼腹式与丹田及性部呼吸能得自己身体壮健而同时又能增加将来的性趣，而尤最要者，为能使盘骨放展，丹田韧带坚固以便生出较好的婴孩，其关系于优种除却第三种水外，又是一种助力也。

---

［1］ 即克，gramme 的音译。

性部与丹田呼吸（续上期）

五、略论三种呼吸的方法

　　就上所说，男女性交的强弱，与生殖的优劣，全靠"性神经中枢"的是否组织完善。如它的组织完善了，又贵在耻骨缝（即丹田）的筋络是否得到统驭的能力。我们已在上说明丹田乃是传递腹间呼吸的气到骨盘网中的介绍机关了（即性神经中枢）。故我们确能用人力使丹田呼吸，同时而使性部呼吸或伸缩了。这个方法最好是第一用"腹式呼吸"即"深呼吸"，于空气清洁的地方，衣服宽博，在房内能裸体更好。全身直立，头向上昂，张大口腔把空气缓缓地尽量吸入。同时下腹用力尽量凹入，后又缓缓尽力张口呼出，同时下腹也用力尽量凸出。如此继续若干次，当然次数取逐渐增进为佳，这样呼吸已能使丹田同时得到许多呼吸了（此法可参考日人所著的各种书）。这个腹式呼吸总不为性欲计，而仅为身体强壮健计也应当竭力去讲究。人类现患肺病特多，尤是我国的女子，因束奶的关系而至于连天然的肺部呼吸也不能，仅有行了"肩式呼吸"，所以这样的女子大都面黄气弱易于生病与死亡。我国男子也多易患了肺病。若使男女们能够去行"深呼吸"则肺病患者可减少许多了。

　　经过若干月的"深呼吸"之后，则当渐行"丹田呼吸"这个能用日本人的坐法即把两膝头向前靠住而将臀部放在两脚后跟之上为佳，此不过比深呼吸法较深一步，故入手仍用深呼吸法。不过当呼气时则用指头将丹田之皮带起，干呼吸时则用掌心压紧此部位。本来当腹式呼吸时，这耻骨缝（即丹田）已能传递空气到"骨盘交感网"去了。但现用手助势，其效更大。至于旧时所谓运用内气，乃指腹式呼吸之人，能够用些微力量就能使空气得入丹田的隙膜。但并非如一班人所说的那样神秘。

　　于腹式呼吸及丹田呼吸之后，现当转入性部呼吸的一层功夫了。凡普通人皆能于性具未扬时，轻轻用暗力拨动其会阴筋络，使性具由此呈其收缩及放松的样子。但这项动作能使骨盘交感网同时呈其紧张及弛纵。至于性具外面的现象，则要在性兴时练习之较易见其功效。所以性部呼吸的练习法应分为二种：

在男女性具未起劲时则在用"内功夫"即用下腹呼吸到丹田呼吸而至骨盘交感网呼吸。骨盘交感网（即性神经中枢）的动作直接与丹田关连，而丹田又与腹间相联，故凡能作腹式呼吸与丹田呼呼者同时就可望有骨盘交感网呼吸的可能（此法最好是睡式而用两大腿佐势出力）。其第二种则在用"外功夫"，即在阳具起劲时，时时作了缩紧与放松的练习。这后项的练习法，最好在交媾时候。即于性交初始时，阳具平静地放在阴户，而男女此时仅用会阴筋伸缩。如此一宽一紧约略经过若干时候，始行驰骤的功夫。不怕女阴不会丢第三种水，又不怕男子交媾不能耐久与阳痿及易于射精的种种毛病。若能内功夫与外功夫一致合作，更能使性部的呼吸上与丹田及胸腹联合一气了。

为什么要实行这三种呼吸？这不是为性具吸火酒用的，也不是为吸受女水男精的。这个全为使全身的神经灵通，血液旺盛与筋络强韧。而由此于性交则能尽量享受性趣的满足，于无性交时可以使内分泌分外丰满流通于全身。由此，一可以得到身体的壮健。而一可以得到精神的活泼。现再分陈于下：

（一）我们中国人——尤其是可怜的束奶女子，多是呼吸不灵的，他们肺部呼吸已不灵通，还想什么别种呼吸，故他们皆是一种肺病可能性的病夫。今若能依我们所说的第一层腹式呼吸做去，自然肺部的呼吸灵动可以减少许多肺病了，而因腹部的呼吸能使肠脏也能够蠕动灵敏，自然免至于有肠脏病。大家皆知死于肠病者的数目甚大，不但因此免至于肠病而且胃脾可得壮健。若能再进一步去锻炼丹田与性部，则胸腹至性部完全打成一气为一开通的区域。而人身最易生病的处所通通使它血液活动，则保管从此身体壮健百病免生了。

（二）说到精神活泼一层，则因凡善于这样呼吸的人其内分泌必极丰多，而且质上也极精美。并且各神经系也必灵动异常。这等人又能操纵其生殖器而不至于多射精与丢水，则能够移此精水为内分泌的

性部与丹田呼吸（续上期）

作用而成为"荷孟"的升华。如此尚会至于精神萎靡吗？

所以我敢在此大声叫醒我国人，尤其是一班反对这样呼吸的人，你们竭力地去做这样呼吸吧，不必说做到性部呼吸，只要能腹式呼吸已够使你一生吃用不尽了。你们不要怕困难，只要一点一点地做去，未有不成功的。况且头一步的腹式呼吸也非困难。能腹式呼吸的，则进而为丹田与性部的呼吸也非难事了。为自己康健计，为精神奋发计，为优种的前途计，虽下了一点吃苦的功夫也值得了。

暂行结论

在此结束上，我应提醒读者，凡身体愈强壮，性部愈发展，则其人愈不会淫。我们中国人现在淫极了，许多男女除了为射精器外毫无作用。这因中国人的身体太坏了，精神也因此而颓靡了。身体又坏，精神又颓靡自然不会作用工了。身体坏，精神颓靡，自然一见异性，就不能支持了。故我国人的好淫与不事事，皆因身体不好与精神颓靡。而其缘因大都由于性部不壮健与上所说三种呼吸不灵通。我们今为拯救这个淫靡的中国人计，而给他们这三个呼吸法以便使他们不淫而去做社会各种事，免至如一班半身瘫病之人。除想交媾外一切事不能做呵！故你们要身壮神旺吗？非来实行这三种呼吸法不可。你想得到性欲的乐趣吗？更非来实行这三种呼吸法不可。你们如能实行三种呼吸法。不用服壮阳补阴药，就能使性官康健。究竟药品是无效与被骗的。你们如能实行这三种呼吸，则虽阴痿，阳弱，也能得到相当的补救。你们如能实行这三种呼吸法，则虽身体不强壮也能使它强壮了。

屏绝一切药品！

废弃一切机械！

最好莫如从三种呼吸用力，这是根本上的救济法。这是从整个身体上锻炼，这是壮阳补阴最有效验的功夫。（未完待续）

砍不尽的上海文氓头与滤胞及周建人[1]

张竞生

相传希腊有怪物，把它头斩去了，它就再生出几个头！盛矣奇哉，我今竟见上海文氓有这样的大观！例如在《时事新报》用某名载了一篇攻击我对于滤胞解释的文字，在近发表最浅薄无聊的《性杂志》上又见了这篇同样的文字，不过名目改为《呜呼张竞生的卵珠》。再在《一般》三月号又被周建人君用了同样语气来驳我。他们的伎俩有二：一是一人改了许多名字在各报上特登其同样的意见，使人迷离扑朔，以为一种意见经有许多人一样主张，必定不错了。由此也可使人知许多人同攻此人，此人必定错误无疑了。一是人物虽不同，而彼此互约东抄西偷，你云我云，以便拾唾成风，啜滓为杰。上海文氓的头确实如希腊怪物一样，这边砍去一个，那边又生出若干来，我们砍之不胜砍，只有坐看这班头的奇峰突出以为美观罢了。

我在本刊第三期说："强壮的女子普通有三四万个以上的格辣夫滤胞在卵巢内。这些滤胞都有可能性成为卵珠。"这个怪粗浅的学理，彼《性杂志》的文氓不懂尚可说，独怪自称为生物科学家的周建人君尚且不懂。别的参考书稍难，我今就请他查一查最易得的程浩所编的《节制生育问题》第廿一页说："当中有一种格辣夫氏滤胞，数目很多，大约总在三万三千个以上，每个都有发生卵子的可能性。"这个与我所说的完全相同。驳我者说"卵珠是从滤胞排出来的，不是由它

---

[1] 本文原刊 1927 年 5 月《新文化》第 1 卷第 4 期。

变成为卵珠的"，这真是只知其一不知其二的浅薄性学家。卵珠确实从滤胞变成的。初时卵珠与滤胞同物不分。及后滤胞内部就生长了卵珠，等到一定时候，滤胞内又长出许多液体遂至容积变大，外面由此压力太大了，它不免破裂针头样的小孔而将卵珠排出。故说卵珠是从滤胞排出来的乃是一面及后期的事实，其整个的与前期的事实，卵珠确是从滤胞变成的。

周君对我那篇《第三种水与卵珠》的长文，仅仅取用此最微末滤胞问题的反驳，可以见出他失了全牛、意在捞回一条牛毛的无聊。可惜他连一条牛毛也捞不回，这可见假科学家的狼狈了。至于他说什么第三种水在阴道口又什么卵珠和第三种水齐下与下到腔外的一段，可见周君尚未看懂我关于此项论文的意义，请他好好再去研究吧。

周君说我骂褚某的"可怜无耻的妇人……"为不应该，这是拾他令兄的口水比前拾上海流氓的较进一步。但"无耻的妇人"上加下"可怜"二字，可见我的恕心了。我对于无耻的妇人而尚可怜，其对待爱神不比周君的对日本妇，与伊已绝情不能同居而又被强迫地月出百元以供奉伊不知为何人的便宜较为无愧吗？

"特别声明"者乃我光明磊落的行为，不是如周君辈的一味以阴险取胜。

丹田与性部呼吸一层，请周君好好读熟本刊本期及下期关于此事的论文。我也知道周君辈在上海的怪头极多，但你留心我的斩妖剑吧！

勉《新女性》编者章锡琛君[1]

张竞生

大凡一个人要有独立的言论，不是人云亦云，就可主持一本有希望的杂志的。《新女性》就是《新女性》，最好就请章君好好努力做去。做得成新女性那更好了。做不成新女性只要你诚实也就可告无罪于读者了。谁知章君不知受什么影响，竟公公妈妈说了一篇东抄西袭的无聊话起来。

《新女性》就是《新女性》。谁叫你变成什么《性史》《性杂志》。《新女性》就是《新女性》，谁要你来比较《新文化》。

今你既来批评《新文化》了，只好请你好好认清题目，勿太胡说。第一，《新文化》不是《性史》，《性史》不是《金瓶梅》《肉蒲团》。事实俱在，我想你能识字尚能明白此中的分别。第二，《新文化》就是《新文化》，不是用了"方士思想来传播性的知识并专寻肉感快乐"，这些也有事实俱在，不是你一手所能掩盖天下的耳目！你所谓方士思想者，当然是指丹田呼吸，这是周作人、周建人二君的瞎说，硬指此为传播道家的思想。彼辈尚不知丹田在何处，当然不知它有何作用。周君等的阴险，每每借题发挥，章君"你本佳士，何必逞

---

[1] 本文原刊 1927 年 5 月《新文化》第 1 卷第 4 期，署名"竞生"。章锡琛（1889—1969），别名雪村，浙江绍兴人，1912—1925 年曾任上海商务印书馆《东方杂志》编辑、《妇女杂志》主编、国文部编辑，编辑上海《时事新报》、《民国日报》副刊；1926 年离开商务印书馆，组织《新女性》杂志社；1926 年 8 月创办开明书店；1949 年任出版总署处长、专员；1954 年担任古籍出版社副总编辑，1956 年任中华书局副总编辑；1958 年被划为"右派"，"文革"遭受迫害，于 1969 年含冤去世。

勉《新女性》编者章锡琛君

贼"？大概周君辈能够帮助《新女性》，章君送遂却良心不能不附和吗？凡批评一事，当从其真义，不在其形式。我主张丹田呼吸，屡屡声明全为呼吸灵通、身体壮健与性欲发展起见，然则此事做得到与做不到，完全与道士思想毫无关系。比如腹式呼吸为日本人所发明，我们主张腹式呼吸，即是主张日本帝国主义吗？我想天下无此种荒谬的推论也。道士思想自有其真义所在，断不能见一人在练习丹田呼吸遂而认他是在做道士思想也，这个无聊赖的讨论与周建人君说人有口，狗亦有口，狗食屎，人也可以食屎一样的荒谬。因为人胃若如狗胃一样，当然可以食屎。推而论之，丹田如可呼吸，道士可呼吸，非道士也可呼吸，这好譬常人与道士皆用肺部一样呼吸的可能。不能说道士用肺呼吸，我人若用肺呼吸，就不免变为道士了一样的荒谬。此种浅易之说，难道章君尚不懂吗？懂了而又如周作人、周建人二君们的咬死牙龈说他是提倡道家思想，无乃太依阿取容吗？

寄语章君，好好办你的《新女性》吧！若你要做批评家则当有批评家的学识与态度，不是跟随那不值一驳的周作人、周建人的议论就可提笔葫芦了呵！

大奶复兴[1]

张竞生

为什么要反对束奶？为什么要提倡大奶？这些理由想为曾读过拙著《美的人生观》及本月刊的人所知道了。可是，知道为一件事，实行又是一件事。而况我们所知道的确实有限与知道的未能真切，以致不能起来实行，或实行未能彻底，现把这个大奶问题，从理论与实行二方面较有趣味与着实处再说一番。

先说一个极奇怪的束奶历史：

数年前曾与友人谈起我国女子为什么要穿紧紧的胸衣将两奶压下。中有一人已老了，就其经验向我如此说："束奶起源不过三十年间事。作俑者为一班妓女。这因嫖客的手爪太厉害了，若妓女不将其奶束得紧紧压到扁扁，则难免受许多嫖客把奶部抓烂到如煮熟的羊头一样了。又有一班妓女的奶太大、太松、太糟，恐怕顾客说她太多嫖客、太淫、太卖肉力，遂使她们不能不把大奶管束起来以免受嫖客的奚落。但第三理由而又最助长束奶的风气，则为清倌的问题。嫖客最喜欢的是清倌，即未'开包'的妓女之谓，而妓女也遂而投其所好，无论与人经过若干次的性交，她们总说是清倌的。但这个有什么外面的凭据，最好的当然以奶的大小为标准了，痴呆的嫖客总以胸部平平的为清倌，而妓女不得不把尖尖者压为扁扁的了。"

老人之言如此，我也十分相信，其所以将此"妓风"变成为城市

---

[1] 本文原刊1927年7月《新文化》第1卷第5期。

普通女子的风气者,乃因"贫学富,富学娼"的定则所致,但请诸位,尤其是女同胞们留意者,这个束奶风气,既然是"妓风",这是怎样可羞耻之事,而至于学妓——况且所学者乃为避免爪抓与在做下不正当的诱惑!那么,谁也知道普通女子不应有此种风气了。因为她们一则自然不怕许多手爪了,自然又不用束奶假清倌以诱惑嫖客了。

另有一班人说,我记得一位女子也同样说:"穿中国女装者实不宜于奶的突起。"但这个我不能相信。我认识一些不束奶的女子穿起中国装来也极好看。

此外,我想束奶的原因最重要之一乃为羞耻与礼教。女子奶的突起确为特别的性征。主张礼教的男子们断然不肯自己的女人向人隐约地表示出她的两块肉以引出许多不利的事情来,而女子们素来是靠男子来生活的。男子们不喜欢有大奶,而女子也以大奶为可羞耻了。

总上说来,女子束奶的因由有二:(一)是妓风,(二)为礼教与羞耻。这些理由无一件能够站得住的。我们女子不必学妓女的所为。说及礼教与羞耻一层更不能成立。礼教已经死好久了,而羞耻之道不在大奶与不大奶。但假使束奶无碍,则事虽无理,而尚可听其自生自灭。可是束奶的弊害甚大,今举其大端有五,读者必定与我同意以为非把它革除不可了。

第一,束奶把胸腹压抑,常使腹部呼吸不灵,而且移为"肩式呼吸",遂使女子常常患肺病而至于死亡!或仅能苟延残喘而毫无生气。试一举眼看我国女子——尤其是城市束奶的女子——大都不是这样吗?说及伤腹而及于伤胃一层其关系于身体也大,我常见一般束奶女子食饭仅能一碗,彼为青春少女,何以颓敝至此,这因窄狭胸衣伤肺而并伤及胃之所致了。

第二,束奶者而使女子美的性征不能表现出来,胸平扁的如男子样的女子,以是不但自己不美而且使社会上失了多少兴趣,女子之美,奶部极占重要的部分。她们臀部类为广大,奶的突出正在使一身的上下部相称。而以奶的表现更使女子加上一层之美。由这样女子特有的美的表现而引起社会——尤其是男子——的兴趣不少。自然，这有一部分的"性念"在内，但女子的大奶！不但使其周身有曲线美，而且于动作时另有一种颤动和谐的姿态。遂使男子见之不但有性念，而且有种种的美趣了。

第三，奶与性部有种种关联。凡奶大的女子都富有性趣的。反之，束奶者同时也把性趣缩小或缩到全无了，这是多么悲惨之事。人生一部分且极重要的乐趣，就是性趣。今把它减去了直无异于一部分的自杀。而且女子无性趣。同时不免减少了男子的性趣，这又无异于自杀之外再犯杀人的罪恶了。

第四，人类——尤其是女子——的职责在留优种于人间。可悲是束奶女子，身体既不好，性趣又不行。这已使她无好胎孩的希望了。更可悲是胎孩出世后，平时束惯奶的母亲，到此奶部不发达，乳汁极少或全无，乳头又压扁不能伸出为小孩吸吮之用。究竟无法仅有雇了一个身体不知有无暗毒、心灵不知有何恶德，以及奶量奶质不知是否合适于自己小孩的乳母，眼巴巴地看这个由自己辛辛苦苦创造出来的宝贝自由送与毫无关痛痒的人一点一点去摧残，这是多么伤心之事！而且自己不能乳孩，因为奶部与子宫的关系，遂使产母涨开的子宫不能收缩归复原状。故母亲自己乳孩不但使子女得到身心两好，并能使产后子宫恢复原态的康健。又因乳孩之际，并可得到自己性神经的舒服与母子间天然无限的爱情。

第五，说及心灵一层更加重要，奶与子宫有直接的交连，又与性神经有种种的关系！凡把奶束小了，同时减少了性趣而同时也减少了人生的乐趣，故奶为肉体而同时也为心灵所寄藏之处。聪明的女子说她心灵在阴部，而更聪明的女子应说她的心灵在奶部，故女子把奶部压抑束缚，直无异于自己摧残其心灵的残暴行为。

以上五端，当然举其大者而言，已经使人见得束奶有无穷的弊害了，反之，若不束奶，若还奶于自然发展而且加之保护润饰之力，则即时不但无上所说的五害，而且有其反面的五利了。

撮要说来，不束奶的女子胸胃极好，呼吸既灵而脾胃又健，身体好而容光焕然。胸前二粒高而且坚韧的如出水的莲苞，遂把女子美的特征完全表现出来，使人可远观而不可亵玩，唯有艳羡而无法可以采摘。由此发生社会上有了美的"肉苞"鉴赏的兴趣。女子身体既好，性趣同时又发展，同时而又能引起人健羡的成绩。自然同时她的心灵中有无穷的满足骄贵地恃自己为一个天然最美丽的花葩，使世人随意可以鉴赏，但只有一个人可以采摘。故奶部一行开放，不但女子一方面得到身体与心灵各方面的利益，而且使社会也活泼有生气了。

理论是这样吧。但问：

用何方法实行大奶？

我曾拟聚集几十位女同志穿了极俏丽的开胸西装（这样的夏装数元就可得一套）。好好地将大奶衬托出来。如或奶已下垂者则用法提起它，如奶小的无妨用棉花团假大。如此成群整队到各大市游行一番或口呼"打倒束奶"与"大奶万岁"起来，其穿中国装者仅把上衣做宽一点，已足容奶有蠢起的余地了。

我又望政府下令，凡女子束奶者一律带警区罚锾。未成年而犯者罪及家长。

我再望学校当禁止女生束奶，犯者记过。教育当局也以是考核校长是否尽职，如有女学生束奶者则将其校长撤换。

末了，我无穷地，希望群众视束奶比视缠脚为更变态、更不卫生、更丑恶的举动，努力去改正它，而为我国与人类涤除这个不人道的耻辱！

《时事新报》——研究系尾巴[1]
——淫虫秋郎——梁实秋[2]

张竞生

研究系[3]本是没有系统的团体。故说它有这样的团体也可，说它并无这个团体的存在也可。它的历史是从保皇党脱胎而来。它的党徒说多甚多，上至北京，南到广东，以及海外，皆有其踪迹。它的宗旨是随风转舵，乘势打算盘。它的态度甚属暧昧。但也有其相当的表示，即凡事皆存一种"研究"的态度。复辟也可研究，共产也可研究，以至一切凡有势力的团体皆要加入研究。自然，他们的研究不是无所为而为的，乃是有所为而为的。他们作用全在依附一种社会实在的势力以争夺权力。就以北京说：研究系遇到北洋派有势力则依附之。交通系[4]有势力则依附之。外交系[5]有势力也依附之。黎来则依黎，段至则捧段。故北京人叫研究系为"姨太太系"，因其朝秦暮楚，唯利是视，恬不知怪也。可是，依他们说，这也不过研究研究而已。

---

[1] 本文原刊1927年7月《新文化》第1卷第5期，署名"竞生"。
[2] 1926—1927年，梁实秋曾以秋郎、丹甫、徐丹甫为笔名，在《京报副刊》、上海《时事新报·青光》上发表《性学博士》《"竞学"大纲》《取缔淫书》《取缔性书》《丹田？》《第三种水？》《张竞生丑态毕露》《骂张竞生》等多篇文章，批评张竞生所提倡的性育观。
[3] 1916年袁世凯死后，继任北洋军阀政府总统的黎元洪与时任国务总理的段祺瑞发生了所谓的"府院之争"，梁启超、汤化龙等人组织"宪法研究会"，支持段祺瑞，这个集团被称为"研究系"。
[4] 任袁世凯秘书兼任交通银行总理的梁士诒于1913年奉命组织"公民党"，为袁氏当选总统和复辟帝制寻找政治支持，人称"交通系"。
[5] 1920年前后，北洋政府确立了联美外交的政策，使得中国的国际地位得到提升，亲美派外交家如颜惠庆、顾维钧等的权势明显增长，代表一股新崛起的政治力量，人称"外交系"。

他们既具有这样研究的精神，故各处皆有研究系的机关报。它的势力也颇不小。先前上海的《时事新报》，即是他们机关报之一。虽然是自国民党军到上海后，此报则大大改头换面。不过正张上虽是满纸三民主义，而副张——尤其是《青光》一幅，完全保存研究系的尾巴。你如不信，待我拿出真凭实据来。

　　《青光》自从秋郎主持后，研究系的尾巴更随时露出。他自五月一号起才行接办，而在此二个月中所最出力的是一面对于研究系遗老遗少的人物则尽力宣传，而一面对于国民党则阳攻阴讦。以事实说：他对于王国维的尽忠满竖，则连登其事至数次之多。而对于康有为的死，也极视为郑重的事，其所载挽联，至目康为圣人，大犯了研究系"夸大狂"的变态心理病。至于对国民党领袖的丑诋，莫甚于五月十八号所登的"记张人杰"那一条。这完全是一种毒骂，是借一个假名白蔷薇而实在是代人发泄其凶狠之气。至于对我个人——无名的国民党小卒——于其给汪精卫[1]先生一封信上，在我本意不过使汪先生认清国民党与共产党的界限，不意被了丹甫与秋郎骂了一大顿。他们不知我与汪君精卫的历史则就罢了，而于我的拥护国民党，何必如此痛恨到这地步，这不是明明露出研究系的真尾巴吗？他所登的《西子湖畔之风流案》除一面在丑诋国民党人外，文字也极尽海淫的能事。

　　说来可怜！研究系虽然是姨太太，但也有其固有的性格。他们既不能得到政权，就要在思想方面占到势力。他们报的正张既不能阳面咒骂了国民党，则就不能从副张上施行其阴讦的奸计。姨太太的性格确是这样的阴险狡猾。

　　不错，阴险狡猾，的确是研究系的固有性格。若干年来，它阻碍国民党的发展甚大，就因为它的阴险狡猾，一面能利用一班老势力，一面能欺骗海外的商家，而一面更能引诱一般的读书界。现在国民党

---

[1] 张竞生在1927年3月《新文化》第1卷第3期中发表《张竞生致汪精卫信》。

所攻击的为共产党，而不知研究系的隐患也不可轻视。就上海的学界说，它的势力已不少，故望国民党人留心对付，方免上他们的当。俟我有暇，再来集成了一张北京及上海一班研究系人物的"封神榜"，使人知他们真尾巴之所在。说及秋郎即梁实秋这个小崽——即"小丑"的人物，本来卑卑不足论。不过他是一个研究系有来历的遗裔，而又为现在《时事新报》尾巴的角色，故也值得拿他来讨论一番。

他——梁实秋，怎样我叫他为"淫虫"？因为他在那日《青光》上登出一幅图画底下为一本书写是"美的书"，书上有粪桶，桶外有许多苍蝇。我料梁实秋就是此中"淫虫"之一。这个也有事实可以证明。第一，他极喜欢看上海小报的，至譬小报为姨太太一样的可玩，这非淫证吗？第二，他把我们"美的书"放在粪桶之下，而偏说它是淫书，那么，凡一切淫书的必然被他放在金柜之内了，这是从反证处证明他是淫虫。第三，他与徐丹甫看了"美的书店"广告上写"女店员招待周到自不必说"，就不免见猎心喜，这更可见他们见了女子便生淫心的淫虫也。遗传学如若可信，则我要请梁某查看十余年前有上海某报关于梁的家族那一段记事，或者能得此中的证明欤？若徐丹甫者开口"他妈的……"闭口"他妈的……"，又不知是何种家源了。[1]

我也如梁某所说："我们不能十分痛快的骂梁实秋，因为我们不能十分降低我们的人格。最有效而最省事的教训梁实秋的方法，就是以后不再看他的文，不再提他的名字。否则无论骂他恭维他，总是替他登广告。这种人绝不以挨骂为不舒服。而在国家将亡的时候也绝不可不有这种人。"[2] 恕我这遭不自己创造，只会剽窃梁某的好文字与好意义吧。

---

[1] 梁实秋在《骂张竞生》一文中对此有所回应，否定了张氏的说法。文见1927年7月22日《时事新报·青光》。

[2] 此句原出自1927年5月6日《时事新报·青光》中《张竞生丑态毕露》一文。正文是丹甫（梁实秋）给编辑的信，后附有一段"记者曰"，此句为"记者曰"中内容。

但我另外有一个意思，完全与梁某不相同，即梁某的个人私事，甚至他的家事，我们可不必提它，但他用了研究系阴险狡猾的手段在《青光》上阳攻阴讦地破坏我们国民党，或介绍一些不通的文字与意见以欺骗青年，使他们成为阴险狡猾、普通无奇的研究系人物，则我们就再不客气去容许他的放肆了。

裸体辩论[1]

竞生先生：

您的《美的人生观》，恕我没有看过，不知您提倡裸体的理由究竟在哪里。可我对于此点，已够提出"盲反对"，在未曾拜读大作以前，不过并不是以违反礼教为理由，这要提前声明一句。

您不曾说过："一切房药皆是神经兴奋剂……但这类兴奋剂只可取效一时，药性发后就觉比前衰疲。"用裸体的方法对治人生沉闷，其结果就是房药。房药失效之后还可进一步加重分剂去补救它；裸体失效那就没有最裸体、更裸体的了。这种兴奋"情教"的最后独方，我实在没有勇气附和您去"孤注"。

人类食欲基本于营养细胞，性欲基本于生殖细胞，本来是"五雀六燕"分不出轻重的。然而我们对于性欲的感念，总觉比食欲高尚而且神圣些，最少也不肯和它一样随便：这是甚么？就是人类社会巧为防闲，不肯让它尽情发露的功效。倘该大家都"白玉濯濯"地一丝不挂，那么，您所谓"翘然""凹然"者，恐怕"司空见惯"，也会和仁丹式的胡子一样讨厌，这并不是我刻薄话。

动物的性感每不及人类；下等人类的性感，又不及高等人类。我们在和情人互通性感以前，总觉有一种超性欲的神秘东西，使人"飘飘欲去"。这是甚么，就是神秘的本身。裸体是反神秘的，所以精华

---

[1] 本文原刊1927年7月《新文化》第1卷第5期。

过分发泄之后，神味索然，使人性感愈增沉闷，连再谋补救的方法也没有。"大盛之下，难以为继"，还是留给漫漫地发泄好！

上面所说如有一分之价值请在《新文化》周刊上发表并赐指教。

徐若璋

  上说也有一面的道理。但我们提倡裸体者，乃是有限制的，如裸睡等，此全为救济一班过于束缚而言，不是主张平日无论如何地而裸体也。总之，有裸有裹，始有好果，常裸不好，常裹更糟。应裸当裸，应裹则裹，既不失于过神秘，也不陷于太发泄，徐君其以为然否？（竞生）

性　美[1]

张竞生

导　言

我拟此后在本杂志上陆续讨论"性美"与"性爱"二个问题。每问题皆分为三项——生理、心理、社会——去讨论，而以我国的事实为主。我知我的立论有时不免使人骇疑。我另有我的见解，但我不敢以此自夸，不过借此供给些新的方向以便他人批评其是非而已。即如本期所说的性欲与大鼻与我国人面貌的改造，及从交媾得到纯粹的男性与女性以便除掉男不男、女不女的丑状，皆足以引起许多的辩论。

十六年，十，十九早

生理方面

性欲不发展，或不正当而发展，遂使我国男女的生理起了极大的变化而生出种种的丑状。此中最显著的为面部、奶部与阴部。

---

[1] 本文原刊1927年9月《新文化》第1卷第6期。

性　美

（一）面部

我国人面貌不美处乃因鼻部小而且扁，以致两边颧骨突出，眼睛暴露，两耳不紧贴，而嘴太宽放或翘起。其肥胖的则七孔变成一孔，六窍完全不成腔！

我们以为只要鼻子高大起来，则面部就大大改易旧观了。鼻部高大起来，则眼睛深入重视而免如我国人的眼睛露现如金鲤的了。鼻部高大起来，则两颊平缩有姿势，可以免如我国人的颧骨充分突出了。鼻部高大起来，则两边的嘴唇就能端正圆润如樱桃口了。其最紧要处，鼻部高大起来，所谓耳、眼、鼻、口、颊各部分，分析得齐整分明，不会如我国今日的七孔堆成一处，而六窍变成为"无窍"了。

那么，改变我们的面部第一在鼻子的提高，而要使这个目的达到，则非从性欲发展一事做起不可。

这个理由是性欲强盛的人，则鼻部也同时发达起来了。

性欲强弱与鼻部大小的关系，已为古今各种民族所承认。有说鼻子大的，阳具也大，又说妇女鼻大的，其性欲也同时极旺盛。

"伊的长鼻给我预知

半夜中的震怒，

当我未能为他如愿以偿。"（见彭译《嗅觉与性美的关系》[1]）
这是十六世纪英国流行的话。

但使我们相信者，则此种关系的事情——大鼻与盛怒——不但是一种传说，而且是极根据生物学的。在春情发育期内，同时"鼻膜"也增长起来。（There is normally at puberty a great increase in the septum of the nose.）如有人要知此中关系的详情的则可以参考下著：I. N. Mac-kenzie, "The Pathological Nasal Reflex" and "The Physiological

---

[1] 即彭兆良翻译，霭理思原著《嗅觉与性美的关系》，原刊1927年7月《新文化》第1卷第5期。彭兆良（1901—1963），翻译家、作家、编辑，曾任美的书店、《玲珑》期刊编辑，受张竞生委托，翻译霭理思心理学著作。

and Pathological Relations Between the Nose and the Sexual Apparatus of Man"；又 G. Endriss, "Ologischen und Pathologischen Beziehungen der obern Luftwege zu der Sexualorgauen", Teil. II。

总之，把性欲正当地发展起来，同时鼻部也高耸起来，同时，面部也美丽起来了。除鼻之外，而足以增加面部的美丽者，一在女子的桃腮，一在男子的美须。在处女时期，腮颊间长泛浮一层桃花色。"处女美"就在此。凡性欲丰富的女子，面上桃花之色，能长久保存处女之美的。青白的脸足以证明性欲衰退之期已至了。故我国女子要保存女性之美，与要免如今日的"惨淡无颜色"，则当好好地从培植性欲的精力入手。说及男子的须，更足以表明"男性的象征"。两性的美当如其分。现时我国男子极缺"男性美"与女子极少"女性美"。进一层说：我国男子的丑处是在女性化，而女子的丑处在男性化，服装是男穿长衣而女竟穿外裤，这是男变女、女变男了。女子胸前无奶房，而男子的唇上无须，这又是男变女、女变男了。可是，须不是由人所能安排的，而乃由生理所造成的。这个第二种性征——须，当然与性欲的发展有关系。故我国男子要免如太监般的唇上白净，尤须在储蓄精力上入手而使内分泌丰满。（说详下）

（二）奶部

我国女性美的缺点，极可注意处当以奶部不发达为最。况且她们又把它束缚起来，愈觉女性的平扁，完全与男性一样而失却了女子胸部之美了。

奶的长大，在春情发育时期更为显然。不但女奶，即男奶也在性欲发育时而膨胀高大。不过女奶更加发达而越表出她们女性之美罢了。奶部发达，则胸部也发展，两粒奶头高耸于酥胸之上，其姿势为向前突出而与其臀部的后突成为女身的曲线形，这是女性之美处。男奶的发展者则有宽大的胸围、强健的肋骨，也能表现出男性之美。

（三）阴部

阴部的构造则当分为臀骨盘与性官二项。就常态说，女子的臀骨应比男子的宽大，但因我人性欲不发达之缘故，常不免见到我国女臀极小，而男臀较大的变态。这个变态的造成，乃在前阴部不发达以致女子的臀部不能同时发达。男子呢，因其阳部即不发达，所以臀部的外状似极发达了。

有友人老于行医者，据其经验所得，则我国女子——尤其是少女——的阴部发达甚不完全。据此医所言：就性欲方面说，女阴的要部为前庭球。这是小阴唇伸长到阴门的末梢，其发达的则成为"重叠的花蕊形"。可惜我国女阴不大见到此种状态，通常仅为"薄薄的残叶"而已。这个友人诊察了南北许多的女子，而发见了就这个发育不完全的阴部中，北方女子较为肥满，闽广次之，江浙最下。他说大阴唇与前庭球的发达的程度也照此为比例。总之阴部不发达，尤其是前庭球不发达，则与女子的性欲有大关系。前庭球与主动出第三种水的巴多淋腺有大相交连。换言之，前庭球发达的女子则易于达到出第三种水而得性欲的满足。今我国女阴的不发达与前庭球的消缩则足见其性欲的不能兴旺了。阴核也不发展，更见性欲的衰弱！

女阴不发达，直接使臀骨盘不宽大，而臀部遂而狭小瘦损。间接地，在上面则奶与胸部不发展而下面使脚腿不壮健。以是足极小而脚腿无力量。行起路来，脚跟不灵便矫捷，臀部不成波纹形，胸不突前，所以我国女于行步的状态与男子的不相差异。可说比男子行步更迟重。其迟重缺乏活泼性，等于"行尸走肉"一样。从男子说，男性的不美也由于性部不雄伟，以致四肢无力，精神疲困，以致男性表现不出，而成为女性化的男子的丑状。

从上说来，我国男女的性美彼此均不存在。而其丑处则在男女性的倒置。男性已成为女性化，遂把大丈夫的气概变成为小白脸的书生了。女性已成为男性化，遂使伶俐活泼的女子变为笨拙迟滞的老妪了。

现在我们要将这个两性倒装的身体，从美方面改造起来，第一，须从结胎时进行，第二，须从心理与社会上性美的刺激入手。

中国人生出来就丑！

不，他们在娘胞里已经丑了！

一对无聊赖的男女，愁闷闷，黑漆漆，碰到就干起来，在无声无臭中偶然间就成起胎了。这个胎孩生出来当然是男不男、女不女了。或男子女性化与女子男性化了。这个说法不免使人怀疑，容我说出此中的道理来就可明白。

据晚近学者所得的证据，当生物成胎时阴阳两性混合一气。来托米提曾发表他的"泛两性同体论"，说明男性中有潜伏的女性胚种生存在内，在女性中则有潜伏的男性胚种。遂后，他们在发育时期中，或男性的胚种占优势，或女性的胚种占优势，等到人体完全长足之时，只有少数失势的异性的性质存留着（参看《同性爱研究》）。这个摘录可谓我们立论的根据，即是男女性的分别，而使男子之所以为男子与女子之所以为女子；再说一句：就是男子所以不会变成为女性，与女子所以不会变成为男性者，全定在男精女卵组合时的成分如何。当男性胚种而优胜成胎时，其胎为男子，而将来具有充分男性的希望。当女性胚种优胜而成胎时，其胎孩为女子，而且将来具有完美的女性的可能。

可是，怎样能够达到这个两性分明的目的？我们以为其权全操于交媾时男女性欲的强弱。当男女交媾时，其性欲充分发展者，即男的能够有持久怡快的性交与尽量的射精，与女的有丢出极痛快的"第三种水"，则无论所结的胎孩是男是女，皆用充分的"性格"，不会使男不男而女不女了。因为男胚种与女胚种既有充分的兴奋，则其互争为男女性的成就时也极剧烈。以是，凡战胜的或为男或为女，必其男性或女性十分优强，则其所成就后的男子必具有充分的男性，与其成就的女子必具有完全的女性了。这个"性别"不但在心理上见得到，而且在生理上更易见出，即男子有男子的骨骼与男子的构造，女子有女子的骨骼及其构造的精致。

由此，可以说明我国男不男、女不女的理由了。他们男女于其造胎时，即当交媾时射精丢水时，男女皆缺乏了充分的兴奋与愉快，以致男女胚种不能得到充分的气力，由是，自然不能有充分竞争的力量将异性胚种完全驱除出去，无怪其所成就的男胎尚有女性在内，而所成就的女胎尚有男性在内。无怪这种男子长成后，男的唇上无须，阳具不发达，而精神似女性的恹恹了。又无怪这种女子奶不大而阴具不完满，面貌不娇嫩，看去似男子一样了。

故我人要免却有"男相公"的样子、太监相的状貌，与要免有扑朔迷离的"女男子"，则于交媾时男女两方面非去讲究有热烈的性欲不可，轰烈烈而热烘烘，嘘喘喘而性具勃勃然，其射精丢水也则如水龙的冲击，则其所成就的胎孩，男的当有男子的气概，女的则有女性的优长。

并且，从内腺中分泌出来的"荷孟液"和性别的现象有密切的关系，这个又可以证明男子所以为男子与女子所以为女子，是为内分泌所支配了。我们又知道各种内分泌对于性欲发达有很大的影响。例如盾状腺有加厚生殖腺的能力，"低米斯腺"萎缩，则青春期的性欲就不发达。他如女人的副肾如过分发达，能够产生男生的特质并且能够使她变成男性。根据这些事情，我们可以知道，凡性欲发展的男女，其生殖腺也必极发展，同时则各种内分泌腺也极发展，则其所成就的胎孩必较能成为纯粹的男子或纯粹的女子，由是我们也可以从交媾时得其相当的操纵法了。

我国男子交媾时大都有阳痿病稍举即泄，而最普通的是女子不能丢第三种水（请参看拙著《第三种水与……》及《性部与丹田呼吸》二书），以是他们的生殖腺得不到充分的排泄，而其各种内分泌当然更不能尽量排泄出了。这也可见其所生的小孩变成男不男而女不女的原故了。若性欲强壮的男女，又能照上拙著所举的方法去行事，则可以得到与性欲有关系的内分泌丰富地加入胎孩成分之内,这一层上,不但使男女的生理外面得有显然的性别,而且使其生理的里面也有极明显的性格,这后层关系与两性的神经与情感更觉重大,当留在下面"心理方面"去讨论。

在这生理方面上,我以为性欲强壮者,能使鼻部发达以改易我国面部的丑形。但最为我所关心者就在我国男女太过没有真正的性别:男子太含有妇人样,女子太存了男子相,这个关于"性美"的前程甚大。为改易这些丑状与为优强我们将来民族计,我想第一步唯有从"性的生理"入手,即从优美的交媾法着力,以便生殖腺与性欲有关的内分泌充分发泄,俾能得到一个男即是男,女便是女的人种。至于第二步的心理改造,当从社会上的性美的刺激入手,当待下文再说了。

女子缠足与生殖器官之关系[1]

我自己相信我的确不是十八世纪头脑简单的旧人物，我也算是受过新思潮洗礼的所谓二十世纪的新人物；可是思想悖谬异乎常人，虽不本乎老子所谓"人之为美斯不美矣"的本旨与原理，可是事实上确有这种的现象。今兹所论的问题，使我骨鲠在喉，不吐不快，兹篇所述，尤望邦人君子，幸而救焉！

女子缠足，谁也不能否认有害于身体？讲到缠足有利于性部，谁都可说背乎潮流的叛徒？尤其是整个的足盘，屈折得不堪言状（因为没有代名词形容它的丑态）。裹布层层地包着，使人动弹不得。你看妙龄的少女，怎能受这般的巨创，不过社会的环境压迫，旧体教的束缚围绕着，不如此不能表现那时代之美和精神来！呀！受之父母不敢毁伤的身体，也不知道受了几许的苦痛，可怜孱弱的女子，不知牺牲了多少的幸福？缠足有百弊而无一利，应无庸议，不佞何时待哓舌为？并非好奇心动，故意说背时的废话，实凭理智的冲动与管见所及罢。究竟女子缠足与生殖器有什么关系呢？若是稍微有点性智识的人们，不难推测到的。按之缠了足的女子，当她们走动时，娜娜转转，臀部作螺旋式，如是性部受了运动而发育畅达，足小身重，当然不比天然足的自然，但是她们的运动却全力注在臀部的团团转，不在于腿部了，如是臀肉特别发展。……

---

[1] 本文原刊1927年9月《新文化》第1卷第6期，议者钟武平，答复张竞生。

竞生看上文后，本要置诸不论，但一转念，缠足为害，已有深长的历史，我们痛定思痛，将如何警惕自励免再重入苦海，可惜少数人尚存有这个死灰复燃的想头，除上条外，前时尚接到类似的文字二三起，遂使我不敢轻轻放过了。缠足，不但不能发展性欲，而且充分摧残它，这个可以从缠足女子的身体衰弱推论出来。唯有身体强壮之人，才有正常的性欲。今缠足女子类皆面黄气衰，以这样身体当然不能生出强大的性欲来。我在欧时闻到一老人说及我国人无"下腿肚"，初时甚为骇疑，及后觉察得他所说的是缠足女子的下腿的变态。"下腿肚"乃天然所有者而因缠足之故遂至于消灭，以此推论则性部的发展也必受了大大的阻碍。至于因足被摧残之故而使行步时觉得臀部有"螺旋式"者，乃系假装而非真相。因缠足而行动艰难之故，遂使后臀不免于行时现出簸动之状，但此与性部发展并无关系。我国女子本来是进化的民族，故虽经若干年来缠足的摧残，而性部尚不至于十分退化，但已经不大发达了。要求性部发展之法，今后唯有在强壮身体与讲求性欲刺激的方法，强壮身体的第一要着在放足与放奶。如能有好身体当然有好性部与大臀。走起路来自能有"波纹状"了，这样几算为真美不似缠足者的假装了。

与《晶报》论禁淫书而倡性学的方法[1]

张竞生

贵报对于禁止淫书的方法似乎不出二途：一方则请各报勿予宣扬，而一面则由官厅裁制。可是，报不宣扬，而自有流通之法；官厅裁制，而社会乐为承受。历史告诉我们：淫书是不怕禁的，愈禁愈盛。淫书已够通销了，一禁而变为"禁的淫书"，则愈使它变为珍贵了。《金瓶梅》有美装者一部值至几十元，"四书五经"有这样的价值吗？！

鄙见以为禁淫书不如提倡性学。性学昌明则淫书不禁自禁。今日市上淫书所以有销路者乃因性学不发达之所致。人类有好奇心，历来对于性又是严守秘密的，所以愈使人类对它生起好奇心。假使性具的生理明晓无遗，性交的事情开发勿忌，则人必视性事与别事一样普通，而视性交为平常无奇了。故性学昌明与性解放，则凡能存于世者，不是专一描写性交的淫书，而为具有表情与美文的性书。换句话说，从此世上可无淫书，只有表情的艺术科学的性学。你如不信，请看今日市上稍稍通行的《性史》第二集及其余集和外集与性艺等不久必定烟消瘴灭，而能存留较久者，恐怕唯有《性史》第一集，因此集较有表情及科学的根据也。这不是自吹自播，也不是兜生意，我对此集早已毁版不管了。

由此说来，今后所当注意者在怎样能出美文的、表情的，与有科学根据的性书，其淫书可任其自生自灭。愈不禁止，当然淫书愈多，

---

[1] 本文原刊1927年9月《新文化》第1卷第6期，署名"竞生"。

但因其众多，必定使人讨厌（我已接到许多咒骂使人讨厌的性史第二集及其余集与性艺等的信了），如此淫书愈公开，则作淫书者愈不能居以为奇货，而群众也不致视为宝贝了。这是根本禁止淫书或缩小淫书流传的方法。

若为一时救急起见，则我意为不可全靠官厅。应由官厅与性育界对于性学内行者共同组织审查处，审查哪本是性书哪本是淫书。其淫书须罚款者则侧轻发行人与印刷人，而注重在著作人，淫书著作人虽不出名，但由发行人尽力根究极易得到，重罚著作人，乃为根本的救治方法。

此外，各报上时常将淫书著作人及其书的重要危害处尽力弹击，使世人在报上已领略其淫书的害处与其大意之所在，不致自己再去买它读，这也是缩小淫书广播的方法。况且，淫书的势力在秘密处伸张，由报上特别注意于公开，即是把这个秘密的法宝打破，则西洋镜揭穿了，尚有什么兴趣引人去观赏呢。

总之，禁止淫书的方法当一反前此抑制与秘密之所为，而在利用性学树其本，与听其公开以清其流。这个问题关系重大，本非如此简单文字所能概括，我将作一二万字的长文以尽其说。今因贵报注意及此，遂先为陈其梗概，其缺漏出正望世人多予其教诲也。

十六，十，卅号

马振华与处女膜[1]

张竞生

马振华不是死于爱情,也不是死于旧礼教,乃是死于"愚昧"的社会。今日的中国社会乃最愚昧不过的,汪世昌即是这个愚昧社会的愚昧人之一。因为他所重的,不是真爱情,乃是处女膜,而马女士也以此处女膜问题而牺牲,虽死得可怜,但亦未免"死的愚昧"。

我会与周建人辈辩论(见《新文化》)说及最无意识的是我国人的注重处女膜。因为此膜有无,于生理上,实在不能证明是否处女,而于情爱上更毫不关系。可是世人蠢的太多了,故我今再介绍一些蠢人验处女膜的方法。除了以处女膜之"血"有无,验明是否处女之外,此外尚有许多证明的方法,例如:

(一)女子一经性交,通常喉腺发肿,故试验者将丝线一条,恰合围过于未行性交之前的女子之颈周。俟交媾后再将此线围绕女子颈上,如见得线比前较短(即围不过颈者),则是处女。如照前一样,则不是。

(二)未经性交的女子,声音尖锐,一经性交后,声音变为深沉。

(三)已破瓜女子,于交媾时,腋下发生一些臭味。处女则否。

(四)多性交的女子,阴毛蜷曲。处女则否。

---

[1] 本文原刊1928年《情化》创刊号,署名"竞生"。马振华自杀事件为:汪世昌娶马振华,因新婚之夜不见处女血,汪世昌便疑马振华非处女之身,对其百般羞辱,以致马振华不堪其辱而投江自尽。此事在当时引起轰动,各报纷纷登载评论。相关内容可参考1930年《青天汇刊·信口开河》第1期马路客的《汪世昌何不请教张竞生》一文。

（五）未开苞的女子，尿时，尿向上放射出。开苞后，则向下垂落。

（六）处女于交媾时，目光低垂安静。尝与人交媾过者，则眼睛闪烁浮动。

此外，尚有许多方法。但上六法已够齐备，蠢呆的男子，无妨诸法并用，庶几免如汪世昌不见处女血时就去问卦一样的蠢陋。

因为处女血乃由处女膜……[1]触及，与夫体操等等动作，皆能使处女膜破裂。故奉劝蠢男子们，于不见血时不好就起疑心。最好就用上诸法遍行考验一下。但上诸法完全失败，尚不能证明她不是处女，因为上法也无的确的标准，尚是随人而异的。

可是得到处女膜了，于你们蠢男子又有什么好处？你能包管她以后不再爱别人吗？蠢哉，汪世昌及周建人辈之以处女膜为爱情的保障品也！

---

[1] 此处有一行字句模糊不清，内容未详。

性育通讯[1]（选编）

1927年1月《新文化》创刊号

竞生博士：

有许多性的书，论关于受胎事情，各有不同。有的说："在妇人经水后四天里交媾的，必受女胎，四天以上八天以内必得男胎。"有的说："男精射在女子受精器的右边则胎男，左边则胎女。"有的说："女子受胎，应该在经水后，或经水后十五日。"究竟孰是孰非，请博士指教一切，不胜感谢！再请
教安

林乔甘上
十二月念一日

乔甘先生：

信示敬悉。所举诸例，无一是处！生男生女，断非个人交媾

---

[1]《性育通讯》，是1927年张竞生在上海主办的《新文化》刊物中一个栏目，登载读者关于性育问题与张竞生讨论的信件。此栏目出至第4期，第5期则因"当局的责难""不得不停登"。至第6期方因"读者的意见"而恢复登载。本卷选编部分《性育通讯》内容，多数为张竞生有文字作答的通讯。这里将《新文化》第5期的停刊启事与第6期的复刊启事一同编进本卷，或可作资料之用。

时的姿势与一时的情状及经水后的期限所能决定的。就个人说，此事全出于偶然。但就多数统计上说，则有一定的结果可期者：大概富裕之家多生女，贫穷之家多生男。文明夫妇多生女，野蛮伴侣多生男。住城者多生女，乡居者多生男。丰年升平时候多生女，饥馑战争时代多生男。平阳水居的人民多生女，高原山居者多生男。总其原因，大概男女之生产与父母之食料及其身体之锻炼大有关系。即安居足食与柔弱者生女较多，而饥寒与强健者生男较多，这些较近有科学的价值者。

由此说来，个人唯有利用这个科学大纲而实行艺术方法，以达到较有把握的期望。即凡要生女者，平时则夫妇应当多食脂肪滋养料，少做些激烈的运动，而多游历及玩耍及多读书。若要生男呢？当然不是男女因此长食糟糠哪！只要少食些脂肪质而多食素菜与酸性之物，及应多食耐消化与富于糖质者最佳。最要是在常常作了极激烈的运动与多多散步、游艺、踢球等等。总之，一切偷惰不可做，而一切兴奋事应当竭力做去。

可是，这样锻炼须要继续到一年半载或若干年的努力才可。不是今晚想生男，今早赶速做了万般兵式体操或跑了几百里路即可达到目的。若夫妇皆在求学时期，最好就以每学期或一年为限，在此期内，彼此不好同房，当彼此同意就所要生男或生女的愿望，预备去锻炼身体和修养精神，然后才做男女之事，或者较能得到相当成绩。

张竞生谨启
十五，十一月

竞生先生：

我曾经向先生写了一封信（恐已一月多了吧！），报告现有一部《性史外集》出版。因为我没见回信，不知你收到了没有；现在我又要来说几句话！

本来在现社会的环境中，像这一类的书籍，当然是要被一般卫道大家所攻击的，而先生也曾想到过，还要大胆地把它出版，可见先生是很有勇气与大无畏的精神，真叫我们佩服极了。

但是先生出版《性史》是何居心呢？果如你序言内所说吗！那么，为什么只出版一册就完了，你的目的已达了吗！"性学问在我国得到一个深固的根基"了吗！不然为甚现在就罢手呢？或者你出版此书是投机的，那末该不错吧！在创造社一下午能售去五六十册，他处可想而知了，可见生意很好，为什不再来一下子？或者你另有计划，但我不能不这样疑惑。因为你的一本《性史》叫我们青年得到了益处没有，暂不必说。倒把那些卖淫书的便宜了，他们假借《性史》而闭门创造些交媾私通等事情来出版，也标题曰《性史》，此《性史外集》出版之由来也。他或者也是步你的后尘，提倡性学问，但是小小两册，使我花了八毛大洋。看后只有丑恶的结果，不但我一人，许许多多的青年恐都是如此上当，先生对此不能不负责了。此外又出版了一部《新性史》，内容比较文明一点，然而不用问，我敢说他完全是从空编下的，并且他也宣言要出到若干集呢？（此册书只值三分而卖大洋四角！）总之，此后的《性史》还不知有多少呢？无论他等是提倡性学也罢，研究优生学也罢，但是结果的好与坏，先生是要负责的。

另外还有一个事情我要问问你，你的那第一集《性史》现在又再版了，且把封面画月娘去了，四马路上的小瘪三把它怀在衣服内，在那里叫唤——低声——春宫要吧？《性史》要吧？我知道先生听见一定很生气，但是一若能继续的出版，我相信，可以抵制这些事情的。

七乱八糟，说了一大堆，你或者很讨厌，但是我爱读《性史》，所以才向你写这信，倘蒙你赐一回信，我就很高兴了。

正谊先生：

  前得你信即照信址复去，不知竟未递到。劳你两番盛意，至足感谢。《性史》第一集出时，也尝料及一班奸商借此为利。故我在序上说若把它禁了,不免使一班奸商从中偷印暗卖。而今竟证实这个预料了。我们有什么法去禁呢!

现时尚有一班人假我名字是出了《性史》第二集,你想可恶不可恶呢?即祝

近安

张竞生

竞生先生:

我现在有件可疑的事要向你问问,或者也可以说是向你报告。因为这件事同你是很有关系的。

你编的《性史》第一集,我早已拜读过了,那是一本绝妙的"性的研究"的科学书,自然令人佩服。可是,现在我在坊间发现了一本《性史》第二集,不由得令人失望。这书的内容,非常恶劣,比起第一集来完全两样。全书只有六篇,倒有一大半是抄袭旧日淫书的老调,改头换面,杂凑成篇的,例如:第二篇《春风初度玉门关》完全是抄录《桃花影》中"小学生凿壁窥云雨"一回,后段妇人等夫睡后,来会情人,又是抄的《性史》第一集中江平和董二嫂的一幕趣剧。第五篇《佳境》,完全是抄录《肉蒲团》中描写未央生和他妻子的事实。这样恶劣的手段、卑污的心理、名新实旧的淫书,我敢说:未必是张先生——你——所编的。一定是有牟利的人"枪冒顶替"了。

听说上海某书局也有《性史》第二集出售,要一元钱,实价五角,上海来京的朋友说,他并且看见的。这是不是先生印了托他卖的?

空谷

竞师尊鉴:

昨日我在友人处发见《性史》第二集,书面标明是先生编的,但我敢断定它是假的。我所以敢断定它是假,有下列各种理由:

第一,你前信(本月一日发)明明说稿件因与印刷局发生交涉,

尚未发出；即使交涉得了结果，印刷装订亦须费相当时日，断无如是快捷运到北京之理。

第二，书面画案与第一集相同，右侧印"北京大学教授哲学博士张竞生先生编"数字，此书是先生自己编印的，断无自称先生之理。

第三，此书定价壹元，但同时又印明实售六角，若真是先生编印的，断无定价如是昂贵以渔利。又既印定价矣，又印实售价，无非假造者想借此以敲竹杠，决非先生平时的态度也。此层尤足证明其假。

第四，内容作品许多模仿第一集之处，且其中按语有一篇转载日人羽太锐治[1]的关于生殖器的学说至四 pages 之多，此种肤浅的知识，我相信你纵有介绍，亦决不录至如是之多的。

第五，暑假在汕时，我即听你说某兄那篇决在第二集发表，那篇我已看过，今此集内竟没有。并且你应允我，出版即寄我若干册，为何至今无到呢？

有以上五个原因，我肯定的断定此书是假的。不知你果有发行是书否？闻购此书者，言此书在市场某书摊私卖（我自己尚未去试），价钱随时乱要。此间各同学因受第一集的暗示，不知此集的来历，购买的当然争先恐后。我意我上面的推测，若完全错误则已，不然，我想请你即日宣布此书是假的，免致读者受骗。不知你的意思以为如何？

李辛之

竞生先生：

顷闻台驾，一度入都；未及聆教，至深歉仄！忆昔曩者，偕诉声君高中拜谒时，曾谈及《性史》决不增印售贱，以杜流弊诸事。今京中书摊某家，已秘密兜卖《性史》第二集，装订仿前，厚仅及半，计

---

[1] 羽太锐治（1978—1929），日本性教育专家，著作有《性育通论》《性爱研究》《初夜的智识》《最新性欲教育》《避妊要领》等，多部作品被译为中文，在20世纪20年代出版。

三十九页，而定价一元，实售六角。殊与前言相左，未知是别有原因，抑系市侩翻印本也？闻各书摊以第一集获利之厚，已群起翻印，不久京中汗牛充栋矣。市侩唯利是图，诚不足责；不意某书局亦有此计划，殊堪浩叹！事缘天素老主顾之东市福华书社昨天出售《性史》第二集，某书局主人闻讯，即至详询来源，并购一册，归去定翻印也。以素以开出版界新纪元书局，有此谬举，真可恨也！

《性史》第二集，内容恶劣，以第二篇说，《春风初度玉门关》（作者映青）系抄维持风化者之所谓淫书，书名已忘记，近有平装翻印本，改名似系《情海风波》（？），京中公然发售，封面绘一浴女是也。下段则系抄《肉蒲团》精华处。第五篇《佳境》（作者论殿）纯抄《肉蒲团》未央生与铁扇道人女儿故事也，间采及小江平笔调而成。天意此二篇似不应编入，否则亦须篡改也。以事断没有相似至如许程度耳。

《性史》第二集，原版正本，能见赠册，则真伪立辨矣。

天天

竞生先生：

上半年先生曾编出一本《性史》，我亦拜读过几回了。我甚赞成这本书。以我的眼光看来，确实这本书万不可诬为淫书的。里边所说的，都是公开研究性交之事，换句话，就是性教育的良好书籍；我阅性史后，对于性交方面改良很多，亦进步很多，夫妇间的爱情同时俱进，我们俩的身体亦觉强壮得多。我们要互惠起见，我愿将数千年来男人压迫女人，掠夺女的专制权利一概取消。我自己宣告废除一切不平等条约，另向对方再订一个互尊主权的平等新条约，以后的性交各得了大满意了。我们获益这样大，完全是由《性史》那本书来的，那么这就是间接得着先生的教授了。我今天写信的正意，就是要求多获些性教育的智识，以再增我们的性常识，再促进我们俩的爱情和身体的健康。所以深望先生对于编《性史》的工作，坚持到底。为学界作先驱，起来革命，打破黑暗的性交，务宜达到性交公开研究的目的。为社会谋幸福，是有厚望焉。

世芬

1927年2月《新文化》第一卷第二期

竞生先生：

先生的言论造福了人类，真是已经是不可限量了。

我是厦门大学的一位学生，我的妻也是这里的学生。我们已经结婚一年了。我们知道若有生育，我妻不能继续读书！我也间接大受影响。所以结婚以前，便注意限制生育的方法。读了先生的大著，才知道限制生育不是不道德的，才能有决心实行。到这时我们还能继续读书，不能不说是受先生之赐。这是我们最心感先生的。

我们限制生育的方法，是从程君《节制生育问题》得来的。我们用的是阴茎套，或叫防毒节育器。结婚前我到上海买了半打，现在已经只余下一个了。

我们用这器具，生育限制完全有效，但不知于身体有害么？我们从来性交没有不用它的时候，我们也不知道这种器具会减少性交的乐趣么？还有更可靠更好的方法么？

还有依我们的经验：我们觉得"达摩跌坐"的姿式最好。若是通常男上女下的姿式，不到五分钟我便出精，若用跌坐的姿势，便可以延长至二三十分钟这是何故？而且第一次交接之后，再行交接时间可以至一时还不出精，这又是什么缘故？

这些问题请先生有闲时加以指教。

有泉

有泉君所问制育最好的方法，到如今此问题尚未解决。制育法虽有二十余种,但要求其合于卫生,及性趣与不受孕和经济便利诸项统统得到,实在几无一法得以应选。但我想宜用"艺术方法"以救济。例如用橡皮阴茎套,极见经济与便利而且得到避孕的目的,但可惜不能得到性趣且不合卫生。若用艺术方法,即于出精前照常交媾,而且要待女子先丢第三种水后男子才可丢精。但男子觉得要丢精的一二分钟前,就当拔出阴茎戴上橡皮套后,始继续做事。如此假设交媾时间为三十分钟,则男女可得廿八九分钟的自然性趣。女子会丢第三种水,男子又会丢精,于卫生上也无妨碍。这样补救虽用人工而得大部分天然的快乐。其他种种避孕方法,也当各用其艺术方法,我拟另文详论之,现恕不能多赘了。(竞)

张先生:

据云,"阳具之包皮未脱者于交媾之时颇感不便且有痛苦",不知可确实否?此种困难,闻割去包皮即可避免,但割后,设有遗精等情,恐有意外危险,又不知确否?抑另有其他方法?

"对于未成年之儿童应如何实施性的教育?"

"女子于性交之后每欲小便,此种现象是否有碍受孕?"

"女子何时可以不受孕?"

"自由恋爱是否完全建筑于性交上?"

以上各问均祈详细解答为祷。

林董

阳具包皮未脱者,于交合时减少快感,应请外科医生割去。割后并无来信所说的种种危险,请为宽心。其余问题请于本刊留意或能得到相当的答案。(竞)

竞生先生：

如今有二件事要请教你？

（一）

我国社会上，有童养媳制。就是没有到结婚时期，有七八岁或十一二岁，为父母者就给儿子娶了一个小姑娘，等他俩长大了，就结婚了。有的长大了，没有结婚，就性交了，生孩子了。就不行结婚式而了事了。有的十六七岁就行性交了。吾友陆君善初，他十岁，父母就和他讨了一个小姑娘。——童养媳制——他——陆君——对我说："我（陆君自称）十四岁的时候，就和她——妻——性交，第一次在一天午后，家里人统不在家，只我和她。我和她在门背后，破题儿第一遭，实行性交了。当时觉得干燥无味——因为没有精液——到了十六七岁，有了精液和她交，就觉得……"这未曾发育的青年，就实行性交，于生理有害吗？童养媳制，就生理上说来，应该革除吗？乞详细的指示！

（二）

我友陈君韵和，他在某大学当生物学教授。他对于尊著《性史》是反对的。他的理由是：人类两性间交合，是凭个人的经验，与本性的，不要拿他人的方法，来指示群众。各有各的方法。不须指示，全凭个人的一种能力的。此说先生以为怎样？请详细地指教。

为元

竞生博士先生：

我读先生主编的《新文化》，使我得益不少，尤其是佩服先生自觉觉人底精神；灌输人们新智识，这是我非常感激的。我现在有一个疑问，请教先生，前天我读新闻有一幅广告："——中国制育会，为留美回国热心社会公益之士女所创办，为中国唯一之产儿限制机关，诚以我国人口众多，若不早日限制额，遗害社会，将不堪设想，会址在盐业银行之第五层楼上，由银行之右门乘电梯可以直达，会内分设宣传、出版、治疗、营业、总务共五部，现有赞助员多人——"我国人口号称四万万，但据现在调查，比从前较少（这种调查不知的确否，我们无从考查，不过真要比从前少一些），中国人口不但不能增加，还要减少，现在再提倡制育主义，于中国有益吗？我不是绝对主张多子多福的，只觉中国民族的生育有改良必要，对于节制生育以限制人口，我确不敢十分赞同。因为改良生育，能使民族健全，还能使民族发达，改良的方法如挹兰女士所说的避孕方法（摘录《新文化》）："（A）两性有遗传病或恶疾者必需实行避孕，（B）经过医生诊察，不生产的妇人——如强骨盘窄狭之妇人，生产前将危及性命——必需实行避孕，（C）身体过于虚弱，对于母体及幼儿之体均不利时，必需实行避孕，（D）已有两个以上的儿女自度经济能力，难于加负担时必需实行避孕。"这些方法都是有益于种族的，而且我们有积极提倡之必要。限制生产究竟有益否？中国人口众多于社会究有何害？请先生指教一切，不胜感谢！再请

教安

为元谨上

  制育不是绝育。制育目的全为优种，只求人口性质的美善，不管其数的多少。假设我国人口不上四万万，假设仅有二万万国民，若能个个有人的效率，已足称雄于世界了。如今日我国人口众多，衣食不足，自然无力于教育，以致无教无养，无人的效率，故人愈多，而家愈贫，国愈弱了！所说广告一则，因未经本社调查，不敢贸然介绍，但事属《新文化》，故代为白登广告一次。若来信者即是要卖广告之人，则请勿笑我等上你当也。（竞）

竞生先生：

  数月前在内地得读你《美的人生观》，卓识快论，沁人心脾，曷胜欣慕！最近读《新文化》所载论说数篇，乃益稔足下于性学研究

甚深，实能发挥所得，以增人类之幸福。唯大著《性史》竟无机缘一读，不免引为憾事。往岁曾阅日本泽田[1]、羽太锐诸人所撰性欲类书，嫌其千篇一律，语多肤浅，今以所见先生之作品，及多数之评判推测之，则《性史》之内容优美，确有价值，大可想见，惜不知目下何处可以购得。不揣冒昧，特此奉询。唯先生有以教之。

再者近代生理卫生诸书，均谓性交之半途中止，及忍精不泄，故使交媾延长者，皆足使两性神经衰弱云云。按我国古代所谓房术者，如《素女经》《玉房秘诀》所载，皆不过以忍精不泄为能事。《千金方》有"房中补益论"，大畅厥旨，且谓一夕若御十女以上？则获益更大。其说与近代生理学家所言极端相反。仆尝疑之。女性故当别论。若男子精液之有关营养，窃意若仅从事交媾未泄而止，当不致有若何弊害，偶见有二三友人习能为此，其身体毫未蒙不良影响，岂此项关系，我先民已发见于千载以前，而近今之生理学家犹未能窥及欤？怀此有年，无从质叩，今遇先生，研精斯学，用敢抒此疑团，敬希指诲，究竟（一）未泄精而终止交媾，有无招致神经衰弱之理由？（二）若如古代所传彭祖故事，以一男对待多女，虽频频交媾，而数日或数十日乃一泄精，于身体当有若何之影响？此二问题颇饶兴趣，以先生之博学精识，当解答之任，定可胜任愉快。谨拭目以待还云矣。专此布意，即候

撰安

冥鸿

　　这是一个大问题，我尚未敢即下答语，暂时可参考本期性育栏《第三水》之一条文。（竞）

---

[1] 泽田顺次郎（1863—1944），日本性教育专家，著有《裸体美艺术卷》《日本妇人的肉体美》《两性生殖学》《妊娠避妊与育儿》等，多部作品被译为中文，在20世纪20年代出版。

竞生博士：

先生说的交媾时女性出的"第三种水"我虽完全了解，但不晓得与"第一、二种水"有甚分别？先生编的《性史》第一集没有提及这点。

先生又说："交媾时若能使女性丢了一二次的精——第三种水——然后男性方丢精为最爽快。"那么女子丢了这许多的精，对于她的身体有没有关系？

我们男性于性欲兴奋时则阳具强硬，女性则怎样呢？听说阴核强硬和阴唇发红是吗？还是别种表现？

交媾时女性丢的水——无论哪一种是否于性欲冲动时自然会来吗？当她们性欲冲动时觉得快乐还是难过？女性和男性的肉欲比较上哪个容易发生和制止？女性受胎后几时才不能交媾，或仍然可以同没有受胎前一样的进行？生产后要过几时才可以交媾或产后即可进行？女性亦会遗精有梦与无梦吗？女性产后的阴具会不会于交媾时觉得宽大或不爽快？

上面提的各疑问请先生一一详细答复我，若《新文化》第二期未付印则请在那通讯栏内答我亦妙。

CC

第一、二种水，乃阴道与阴核的，第三种水乃从阴道口射出的。还有第四种水乃从子宫内射出的（详义见本期《性育栏》论文）。

女性丢第三种水，不是如男子丢精一样的费神。故壮年女子每三二日丢一二次第三种水断无害。

女子性欲兴奋时不止阴核发劲，阴唇红，并且有种种见态，请参看本期《性育栏》论文。

女子性欲极冲动时，才能出第三种水与第四种水，她们能满足其性欲则快乐，否则难过，难过到会激成"神经刺激病"。故男子要使家中不会养成一个"江城"须要满足伊的性欲。女子比男子性发得缓，但收煞也缓，女子受胎后三四个月男子就勿与交媾，但有许多例外，有些女子正在此时期大发其性兴呢。故除了将生的前一二月，但求女子喜欢，与男子勿压近女腹，及抽送时勿太骤，女子勿太狂，又若女体壮健者，常可有节制的进行。女子产后最少当待至四五十日才可寻欢，只要产后养得好与阴具卫生得法，而当交媾时，女子有兴趣，则虽生过子后，尚觉诸事多惬人意，而有些女子生过产后，才感得性趣。女子固会夜遗第三种水，但闻多属无梦，但我想有梦更易见此种水。（竞）

竞生先生：

你著的《美的人生观》、《美的社会组织法》、《性史》第一集、《新文化》创刊号，我皆拜读过了，得了许多艺术上的观感和性的常识，而一切主张，我也很赞成呀！

现在有一事要请问你，望你千祈复我：女性在经期内，男女两性再可以行接吻么？闻说是不合卫生的，究竟是吗？十二万分请指导。

明明

女子的经水，并无含什么毒，不过此时一切排泄液不免有些变质。故女唇或者减少平常的甜味，但断不会不合于卫生，除了那些女子有非常的月经病外。（竞）

竞生先生：

交浅的我，敢说这话么？您不以我为老面皮？我明春结婚，固然要照先生的学说（本刊第一期所述的最是切实而恳切的了）去做。但是永未尝过两性滋味的我，到底有些怀疑，关于我自己身体上：

一，怎样使龟头肥大？我生殖器的龟头不很肥大，每当勃起时，包皮固然可以上去，但是一捋又可以下来。倘使抽送的时候，理想它必然"拖皮带肉"，在将来的她岂不是要以为隔膜了么？可有法子不经医学的很迅速的治疗？

二，"她"的反抗力，看历来性书，都说很大，经两性的勃起后。据我从未看见过，摸过，而只具理想的，必然以为很紧的了，应当有何妙法不用力的可以塞进。

三，您所说的"凡施林"——固然是油膏。愚笨的我，要愚笨的追问，先生所说的"凡施林"是哪种呢？是擦皮肤病的？亦系擦头发的？这二种我都有，不过请告诉我就是了。

竞生先生呀：我现时很抱着十二分的怀疑和恐慌，不知怎样对付裕如——在从来未经交媾的人据说大都弄到狼狈不堪，恐怕到了关子上，连我也不免啊！我还有个例外的要求：请先生给我一篇"训辞"式的文章，我当把它作"金科玉律"的守奉，不知您以为如何？

玩华

第一问问的好笑，龟头包皮于成年脱出后自然于抽送时必至"拖皮带肉"，听之可也！

第二问请再看本刊第一期内所说《怎样使新娘得到美妙的鉴赏》一节。

第三问凡施林油即 vaseline 有黄、白二种，白的为佳。西药房均有出售。装在一小铁皮包，携取均便。平常为乐品用，擦皮肤或擦头发也可。此种油多用而且常用于阴道难免使美感有损。但初夜一遭定无妨。而处女膜破后，此油有消毒之功更觉用得着。（竞）

1927年3月《新文化》第一卷第三期

竞生先生大鉴：

去年五月间，是在《性史》第一集出版的时候，我得见先生，满心欢喜。当时对于搜罗性史的史料，具了宏愿，曾在先生面前，自承南归后，设法直接请一位堂伯母，自述其生平偷汉子的浪漫生活，代作一篇性史，实行"家丑不外扬"的反面功夫。因为我早听过她是在生理上有些异常，所以值得记载的。不幸可惜我没有作这秉笔直书的史官之前，南归道上，被土匪架去做肉票，整整过了八十日的俘囚生活，累得倾家荡产，方始得释。出险后不免十分懊丧，万事灰心，把从前要搜罗性史材料的热心，其热度降到冰点以下。于今虽渐渐恢复常度，然而背乡离井，奔走衣食，又不知再还家乡时，那位堂伯母还健在否？最可惜的是：在我八十日俘囚生活中，又错过了一个研究变态性生活的好机会。人家说"祸不单行"，正当我被绑票时，家里愁苦万状，七弟却不先不后，正在此时，害起色情狂的病症来，寻死求活，弄得家中乱丝莫如许乱。至我回家时，他已痊愈，家人讳莫如深，只有妻曾告诉我几句。七弟当年十九岁，平时倒颇诙谐，有说有笑，不过在病将发时，精神怅惘，来势就有点不是样儿，后来听说是在乡间，寻到一个中年妇人干了之后，方才愈的。不过这话是背后流言，妻从那里听来告诉我的，是要被正式否认的。他在病中，每每自承从前对于性的举动的不正当，如手淫、同性恋爱之类，然后自引为毕生不可磨灭的奇耻大辱，要去寻死，几回跳下水去，被人救上。有时自说对于企望性交的热烈，几于无论见到亲疏、尊卑、老少的妇人，都会起了阿Q式飘飘然的思想。说毕又自认为堕落不如禽兽，以死为涤除道德上污垢的最终办法。我想他是一面受内方生命力的性的冲动，一面受了外面礼教的束缚，抵撑不住，抑压在深意识内的情绪，迸裂出来，害了这场大病的。可惜我当时正囚首垢面，系械在深山荒冢之间，没有临床服伺，不能为他按日作记，以资研究变态性心理者的材料。

"家丑"既已外扬了，容我再说一个"乡丑"，我们福建屏南、古田、闽清三县（就我见闻所及而言，推想起来范围应该还要展大些），男子婚姻制度，典妻有年限，限满还其故夫，这还不算奇。还有一种可说是共妻,常人是不轻易肯向外人承认有此陋习,只有我的"无赖"不打自招了。这是贫苦的人家,有了妻子不能养活,而又不愿离异,与另一个不一定是贫是富的人,有了妻子,不能生育,而又不愿或无力娶妾。两方面结合,把贫人的妻子给无子的人共了。每月订定几天,故夫退避,让后订的可称之为外夫来住宿。将来得的孩子,自然无从认清血统。但先约定第一胎属何姓,第二胎属何姓;自然是第一胎属外的多,因为他正求子心切,也有年限。限内,外夫须每月送米若干,供给妇人火食,叫做"送月米"。这种行为,叫做"分腿"。这个名词自然是太欠雅,是个事实,我觉得并无罪恶。至于在人类性生活的美的方面,给予多少的缺陷,我不得而知。但因两妇人是远隔着,男人既是先经双方愿意,所以倒没有听过起什么醋潮,似乎比娶妾每每大小婆吵架的,还算好些。我觉得这种行为,由我从新估价似乎比起老爷们娶姨太的行为来,或者可说还高尚一点。并且迄今为止,倒也没有听过有登徒子之流借此渔色,虽然乡间是不少有偷汉子、轧姘头的事实,希望先生给以详细批评,摘谬指正。

《新文化》创刊号,我是于路过北京时,在北新书局买来看的。刚刚开卷读了宣言,阅过目录,便觉得这本书拿在手里,红纸皮红得有些温度,热闹非常,诚然不似《东方科学》之类,拿上手总觉得冷静寂寞。譬如我,在一所久无人居、昏暗而阴森的废屋里读书时。那么,读《东方》之类,就许会怕孤单,时时当心着恐有什么鬼物袭来,若是拿着《新文化》那就诸作者跃跃纸上,声音笑貌,恍如对面,自然阳气胜过阴气了,这或许可算是《新文化》的特点罢。北京有两种刊物,我从前是一样的喜欢看,它们便是《语丝》与《现代评论》,然而前者的文章热度,总比后者的文章热度高些,后来我便渐渐地移其同情于《语丝》了。我是个没有学殖的人,对于什么问题学理,都不理会。这只是以读者的资格发言,说出我个人的感情作用罢了,我想先生真似朝海元龙,一到上海,便在文化海里鼓起热烘烘、蒸腾腾的巨浪来;以此敬祝新文化运动万岁,《新文化》月刊万岁。

先生的那一篇教导新郎、新娘第一次如何干事的文章，我希望有人斋戒沐浴，焚香盥手，像书寿屏一样，用上等红纸，画格楷书，绫边精裱，以为送他的新婚朋友的礼物。我有一个妹子尚未出阁，将来我或者能够照样替她办一件奁物，这自然似乎有点火。若是光要给新郎、新娘知道，么一说便已，何用这样张皇其事？然而移风易俗，事有宜然；若不然，光光同《新文化》的读者说说，宣传得不太近吗？先生的怎样使性欲发达的主张，我深信完全可以成功；虽然我自己不预备那样实行，因为我作事无恒，恐怕徒劳无功。这倒并不是说我不须要那个，我相信肌肉是愈经练愈灵动的。譬说动物的耳朵，本来是可以自由摇动的，到了人类，却失掉这种机能。然而在少时跟过一位拳师，当他提足劲时，他便能使耳朵前俯后仰地动着。并且还听人家说过，有时春心忽动而势暴举，这在人前是极不雅观的，然一时竟无法制伏，独有某拳师，能使一劲儿，立就降伏。由此可见，生理学上所谓随意筋不随意筋，原是都可以用意志去管理调动它们。只是有的因累代失用，机能退化罢了。何况生殖器原是组织底灵敏的部分，修练起来，当然有动作如意之可能。还有我们常看见耍把戏的，能够把一块大石头或它种重物，安置在鼻尖上，稳如磐石，不慌不忙的从容来去。或是常听说有拳师只以一指尖按人，如受巨杵。此无他，因为人体本是绝妙的机器，像锅炉烧煤炭发生蒸气马力一样。人体进饮食荣养体力，譬如若干体重的人，其力量是若干"加罗里"（calories）[1]，那么这些加罗里，散在四体，自然觉得单弱，要是集于一筋，那就够大了，像集中全体的力量于鼻尖指头之上，我们如何不能集中在生殖器上？迨到女的修炼到像口腔一样。会了开撮吞吐的动作，自然吮吸有劲，锁扣紧切。男的修到像舌头一样的伸缩摆动自如，驰突顿挫之间，壮猛而能稳重。在性交当儿可以不必摆腰托臀，掀被震床，徒耗去许多不相干的气力，弄得筋疲息弱，甚至不能毕事。而可

---

[1] 今译卡路里。

以安卧如常，聚精会神，来从从容容地细嚼个中趣味，便是黄脸婆娘，也胜似丽华在抱，从鸦彩凤可无羡于三十侍中郎了。这样才算得善享自然赋于人类应有的性的美趣，才算得性交的艺术化。至生殖器式的呼吸法，我推想应该这样做：先鼓满腹的气，然后慢慢地用力，恍惚要把一股气从尿道撒出一样。其次呼气的时候又要气从生殖器吸入气来经下腹肺送到鼻腔呼出，下体使劲一迫，肛门及阴道的环肌内部，复渐下沉，气竭为止，然后再吸。这样周而复始地做着，使劲时，把牙关咬紧以助力，希望学习因是子静坐法，及修炼催眠术诸君，破工夫分心一试。我想一定要比服"育亨宾"，以及使用真空和电气自疗器的只在局部上及临时用功的，多些利益，而无危害。即请
撰安

徐敬仔

竞生先生：

我是去年夏历四月里结婚的。到如今先生所说的第三种水从未发现过。她的第一种水——想是润阴户的——也不多，可以说是极少。第二种水十回难得有一回有——我所说的第二种水是她觉得有一点少量的水从里面出来——我想这或许是我身体不好的原故，或是交合不得法，也许是她的身体有病，因为她月经来时常患腹痛，有时她不自主的流月经似的流出一种水来——是白带么？我的交合力——时间——最长大约三刻钟，有时阳物中途软了，挨一些时仍能继续下去，或竟半途而废，有时在交合之前也不能举起，不知是不是有阳痿的病？但去年暑假期中，有几日夜夜交合，却没有不能举起的现象，这又是何说？我们交合时虽有时——极少时只有一二次——觉得与子宫接触。但是觉得是例外的，是不可常有的，这是不是姿势的原故。我们交合时的姿势，是最普通的。听见人说用枕把股部垫高，才能和子宫接触，但试行过一二次觉得还不如不垫的好。听说女子阴部大的，子宫不易和阳物接触，但我从未见过第二个阴户，没有比较，不

先生的那一篇教导新郎、新娘第一次如何干事的文章，我希望有人斋戒沐浴，焚香盥手，像书寿屏一样，用上等红纸，画格楷书，绫边精裱，以为送他的新婚朋友的礼物。我有一个妹子尚未出阁，将来我或者能够照样替她办一件奁物，这自然似乎有点过火。若是光要给新郎、新娘知道，那么一说便已，何用这样张皇其事？然而移风易俗，事有宜然；若不然，光光同《新文化》的读者说说，宣传得不太近吗？先生的怎样使性欲发达的主张，我深信完全可以成功；虽然我自己不预备那样实行，因为我作事无恒，恐怕徒劳无功。这倒并不是说我不须要那个，我相信肌肉是愈经练愈灵动的。譬说动物的耳朵，本来是可以自由摇动的，到了人类，却失掉这种机能。然而在少时跟过一位拳师，当他提足劲时，他便能使耳朵前俯后仰地动着。并且还听人家说过，有时春心忽动而势暴举，这在人前是极不雅观的，然一时竟无法制伏，独有某拳师，能使一劲儿，立就降伏。由此可见，生理学上所谓随意筋不随意筋，原是都可以用意志去管理调动它们。只是有的因累代失用，机能退化罢了。何况生殖器原是组织底灵敏的部分，修练起来，当然有动作如意之可能。还有我们常看见耍把戏的，能够把一块大石头或它种重物，安置在鼻尖上，稳如磐石，不慌不忙的从容来去。或是常听说有拳师只以一指尖按人，如受巨杵。此无他，因为人体本是绝妙的机器，像锅炉烧煤炭发生蒸气马力一样。人体进饮食荣养体力，譬如若干体重的人，其力量是若干"加罗里"（calories）[1]，那么这些加罗里，散在四体，自然觉得单弱，要是集于一筋，那就够大了，像集中全体的力量于鼻尖指头之上，我们如何不能集中在生殖器上？迨到女的修炼到像口腔一样。会了开撮吞吐的动作，自然吮吸有劲，锁扣紧切。男的修到像舌头一样的伸缩摆动自如，驰突顿挫之间，壮猛而能稳重。在性交当儿可以不必摆腰托臀，掀被震床，徒耗去许多不相干的气力，弄得筋疲息弱，甚至不能毕事。而可

---

[1] 今译卡路里。

以安卧如常，聚精会神，来从从容容地细嚼个中趣味，便是黄脸婆娘，也胜似丽华在抱，从鸦彩凤可无羡于三十侍中郎了。这样才算得善享自然赋于人类应有的性的美趣，才算得性交的艺术化。至生殖器式的呼吸法，我推想应该这样做：先鼓满腹的气，然后慢慢地用力，恍惚要把一股气从尿道撒出一样。其次呼气的时候又要气从生殖器吸入气来经下腹肺送到鼻腔呼出，下体使劲一迫，肛门及阴道的环肌内部，复渐下沉，气竭为止，然后再吸。这样周而复始地做着，使劲时，把牙关咬紧以助力，希望学习因是子静坐法，及修炼催眠术诸君，破工夫分心一试。我想一定要比服"育亨宾"，以及使用真空和电气自疗器的只在局部上及临时用功的，多些利益，而无危害。即请
撰安

徐敬仔

竞生先生：

我是去年夏历四月里结婚的。到如今先生所说的第三种水从未发现过。她的第一种水——想是润阴户的——也不多，可以说是极少。第二种水十回难得有一回有——我所说的第二种水是她觉得有一点少量的水从里面出来——我想这或许是我身体不好的原故，或是交合不得法，也许是她的身体有病，因为她月经来时常患腹痛，有时她不自主的流月经似的流出一种水来——是白带么？我的交合力——时间——最长大约三刻钟，有时阳物中途软了，挨一些时仍能继续下去，或竟半途而废，有时在交合之前也不能举起，不知是不是有阳痿的病？但去年暑假期中，有几日夜夜交合，却没有不能举起的现象，这又是何说？我们交合时虽有时——极少时只有一二次——觉得与子宫接触。但是觉得是例外的，是不可常有的，这是不是姿势的原故。我们交合时的姿势，是最普通的。听见人说用枕把股部垫高，才能和子宫接触，但试行过一二次觉得还不如不垫的好。听说女子阴部大的，子宫不易和阳物接触，但我从未见过第二个阴户，没有比较，不

能断定。有人说女子身段高的阴户就深,这话我有点信,因为她的身段和我一般长——我的身段不高,但也不十分矮;我不能算男子中的最矮的,她也不能算女子中的最高的——到底如何,要请先生指教!

《西厢记》上有一句形容性交愉快的话,是:"蘸着些儿麻上来"。人们常说的是:"销魂荡魄"。但我却嫌这两句话形容过度。我未结婚前以为交合只要两人的生殖器一经接触就有无穷的愉快。今乃大失所望,因为我所得着的愉快,只在我出精和出精前的一二分钟内;我信性交的愉快决不只我这一点,如果像我,那末,好色的人为什么要那样的好色呢?

请先生细看前面所写的,写信告诉我:(一)我是否有阳痿的病?我女人是否有病?(二)是否不合姿势?交合时究竟应否用枕头垫起女人的股部?(三)是否她的阴部过大?(四)我何以不能得着圆满愉快?交媾的愉快是不是只有这一点?是不是到了女子出第三种水时男子便格外愉快些?(五)依上述情形看来,我要怎样才能使她出第三种水?才能圆满?

先生在《新文化》里说先生编《性史》的目的在教人怎样就能使女子出第三种水的方法,请先生仍然本此目的,详细写信教导我!至盼!敬请
撰安

又《西厢》之言及销魂荡魄之说是否实情?不出第三种水能否生育?

南溪

(一)有点阳痿病吧。(二)用枕头垫起的是女子的下腰部(不是股部,留意!),但此系为女子阴道长而屈曲者的补救法,并且为对手阴茎短而设。反是这个补救法无须用。(三)无从而知!(四)大概你不得愉快的缘故甚复杂:或者阳具无感觉性,或者女阴无电性。说不定是阳痿的结果,又恐怕是男女的情感不

惬洽，此外尚有种种，不能继续逆料了。（五）请参阅本刊第二期《第三种水……》一条。至于《西厢》之言，大概有情的男女于肉交时能生这样"蘸着些儿麻上来"的现象，或则富于性欲的男女也能有此结果。末了，不出第三种水也能生育，不过精虫通常须在子宫外受种种磨难始能得入内与卵珠遇合，以致所结胎孩不能强壮，说见本刊第二期《第三种水……》一条。（竞）

竞师钧鉴：

现将人生最重大而生最缺陷之生殖器问题，先劳吾师为我速谋补救之道耳。生年廿二，犹未成婚，虽有亲密之女友数人，然从来无秽亵之事；盖亦自知，所领部下，俱属乌合之众，不堪一战，故敌方如何挑衅，本军只有在领域之内，宣布自治，高唱和平，以弭兵息战为旨。力谋谨守防线，划地为营，彼此相安，不相侵耳。但生此时，与另一女友密斯韩，业已订婚，并准于明年桃花似锦、绿草如茵的时候结婚。计自我们订婚以来，其战机危急，大有一触即发之势。幸本军善用以缓制急、以柔制刚之术应之，故尚可一时以苟安，未致刻日以以兵戎相见也。然动员之令已下，激战之期不远，故此时正宜厉兵秣马，鼓舞士气，整肃军容，以期直捣黄龙，犁庭扫穴，奏凯旋之歌，方无败将之名，贻笑敌国也。今生之生殖器官当最兴奋时，长度不过英尺四寸一分；直径则几不及一寸矣。以这样之新兵弱卒，焉有一鼓作气之慨以应强敌？纵令有之，亦必丧师而还，断无制胜之理。今为本军前途计，欲求制胜之道，敢问吾师有无善法可使兵雄力厚，百战百胜，博健旅之名，以雄视敌国哉。万望赐我韬略，授我机宜，吾师庶不虚负军师之名，生庶不致一战而成败军之将。专此函请
道安

近闻用真空自疗机一法可以促阳物之发达，然否？而此机在何处有卖？并请示及。

梦倩

能断定。有人说女子身段高的阴户就深，这话我有点信，因为她的身段和我一般长——我的身段不高，但也不十分矮；我不能算男子中的最矮的，她也不能算女子中的最高的——到底如何，要请先生指教！

《西厢记》上有一句形容性交愉快的话，是："蘸着些儿麻上来"。人们常说的是："销魂荡魄"。但我却嫌这两句话形容过度。我未结婚前以为交合只要两人的生殖器一经接触就有无穷的愉快。今乃大失所望，因为我所得着的愉快，只在我出精和出精前的一二分钟内；我信性交的愉快决不只我这一点，如果像我，那末，好色的人为什么要那样的好色呢？

请先生细看前面所写的，写信告诉我：（一）我是否有阳痿的病？我女人是否有病？（二）是否不合姿势？交合时究竟应否用枕头垫起女人的股部？（三）是否她的阴部过大？（四）我何以不能得着圆满愉快？交媾的愉快是不是只有这一点？是不是到了女子出第三种水时男子便格外愉快些？（五）依上述情形看来，我要怎样才能使她出第三种水？才能圆满？

先生在《新文化》里说先生编《性史》的目的在教人怎样就能使女子出第三种水的方法，请先生仍然本此目的，详细写信教导我！至盼！敬请
撰安

又《西厢》之言及销魂荡魄之说是否实情？不出第三种水能否生育？

南溪

（一）有点阳痿病吧。（二）用枕头垫起的是女子的下腰部（不是股部，留意！），但此系为女子阴道长而屈曲者的补救法，并且为对手阴茎短而设。反是这个补救法无须用。（三）无从而知！（四）大概你不得愉快的缘故甚复杂：或者阳具无感觉性，或者女阴无电性。说不定是阳痿的结果，又恐怕是男女的情感不

悒洽，此外尚有种种，不能继续逆料了。（五）请参阅本刊第二期《第三种水……》一条。至于《西厢》之言，大概有情的男女于肉交时能生这样"蘸着些儿麻上来"的现象，或则富于性欲的男女也能有此结果。末了，不出第三种水也能生育，不过精虫通常须在子宫外受种种磨难始能得入内与卵珠遇合，以致所结胎孩不能强壮，说见本刊第二期《第三种水……》一条。（竞）

竞师钧鉴：

现将人生最重大而生最缺陷之生殖器问题，先劳吾师为我速谋补救之道耳。生年廿二，犹未成婚，虽有亲密之女友数人，然从来无秽亵之事；盖亦自知，所领部下，俱属乌合之众，不堪一战，故敌方如何挑衅，本军只有在领域之内，宣布自治，高唱和平，以弭兵息战为旨。力谋谨守防线，划地为营，彼此相安，不相侵耳。但生此时，与另一女友密斯韩，业已订婚，并准于明年桃花似锦、绿草如茵的时候结婚。计自我们订婚以来，其战机危急，大有一触即发之势。幸本军善用以缓制急、以柔制刚之术应之，故尚可一时以苟安，未致刻日以以兵戎相见也。然动员之令已下，激战之期不远，故此时正宜厉兵秣马，鼓舞士气，整肃军容，以期直捣黄龙，犁庭扫穴，奏凯旋之歌，方无败将之名，贻笑敌国也。今生之生殖器官当最兴奋时，长度不过英尺四寸一分；直径则几不及一寸矣。以这样之新兵弱卒，焉有一鼓作气之慨以应强敌？纵令有之，亦必丧师而还，断无制胜之理。今为本军前途计，欲求制胜之道，敢问吾师有无善法可使兵雄力厚，百战百胜，博健旅之名，以雄视敌国哉。万望赐我韬略，授我机宜，吾师庶不虚负军师之名，生庶不致一战而成败军之将。专此函请

道安

近闻用真空自疗机一法可以促阳物之发达，然否？而此机在何处有卖？并请示及。

梦倩

竞生先生：

我读《新文化》创刊号《怎样使性育发展与其利益》和《如何得到新娘美妙的鉴赏与其欢心》二篇文章了后，使我觉得有点怀疑，所以特地来请教先生，还望作公开的复示罢。

先生这二篇文章里头，发明性育发展的方法，和新娘新郎性交时所应处的态度，能够尽量的、不客气的、赤裸裸的说出，打破现在社会上遗存着那种旧礼教的观念，建设新性育的方法，在《新文化》坛上，得有这样勇猛的创造力，实在使我青年们钦佩得很！但是《如何得到新娘美妙的鉴赏与其欢心》那篇文章末段说的："有些女子的处女膜，任怎样的交媾总不会破；甚至生产后，还是依然如旧。"这话我认为关于性育上很有研究的价值：究竟先生这样的说法，是从生理方面得来，抑是从经验方面说出，我因找不得着例证，所以难引起我的信仰，这是我第一点的怀疑。

又说："若知新娘确与人有染，你们于肉体上应当庆幸有人为你们打破难关，使你们坐享便宜。"先生这话的大意，以为女子就是与多人交媾也没有什么的关系，这可是主张复杂式的"交媾制"了。但是《怎样使性欲发展与其利益》篇末段，又说："于此无数情人中，唯有一个可以交媾。"这又是主张单纯式的"交媾制"了。先生这二段的说话，就我个人看来，好像有点矛盾的地方，究竟先生的"交媾制"有没有规定的范围呢？这便是我第二点的怀疑。

本来我对于性育一门，觉是一个门外汉；但是先生这二篇文章里那几句的说话，我总是认为在性育的研究上，和交媾制的规定上，很有关系的。所以就将我所怀疑的二点提出，请先生详细的解释罢。

昌浚

关于处女膜一层详本期辩论栏。"交媾制"多人与独人毫无冲突，我说是同时不能有多人，但不同时又何怪乎有多人也！（竞）

竞生先生：

　　研究大作以后，性的常识领教得多，唯所不能解释者，寡妇性欲之冲动与生殖器变态之解剖。据一般人说，寡妇性欲之强，较有夫之妇多百倍，这自然之理，如"久旱之望云霓"，唯其中的神妙望教我。

　　一、孀守三年以上，她的生殖器（阴道）会恢复狭小，伸缩力强大？

　　二、她性的冲动，感到莫可如何之时，会丢第三种水？

　　三、若与男性交媾，子宫流出卵珠，易与精虫结合成孕，什么道理？（潮报上常载寡妇遇奸破绽者，十八九因打胎发觉之故。）

　　四、在什么年期，性欲最旺与退减？

　　另外有别的关系，我思想不到者，同说明给我知道。

心达

　　寡妇性欲研究，确实一个有趣味与极重要的问题。但此非从详细研究不可。到如今，我对此问题尚未得有系统的知识，故不敢冒昧答复。极望阅者与心达君多多留意，寡妇性欲的表现则有裨益于人类及性学定然不浅。（竞）

竞生博士：

　　读了《新文化》第二期之后，获益匪浅，不过照先生说的男上女下的性交式，是很笨，而且是很不适宜的。先生说隔山取宝式是最适宜，但是敝人不敢实行这个法子。因为照中国习惯上，在性交的时候，多在被窝里的。因为性交的时候，不可以受风，若是受了风，那么要患隔阴伤寒的。照此看来，先生说的隔山取宝式是很难实行的了。因为这个法子，是不能在被窝里做的，那不是很危险的么？是否更有别种妙法，请先生详细地指教一下之，不胜感谢。再请教安

邝生

请装一火炉,或在暑天时举行之。(竞)

竞生先生:

我读了你的《新文化》,觉得可以给我们一个极大的安慰——男女的性欲是人人所固有的,本也何用讳言。在旧时的人以为这件事,是污秽的,是下贱(?)的,但是他们虽不"议之于口",我决不敢决定他们不"动之于心"。照这样看来,他们面上戴着了一个假面具,又何必呢?

我时时听见前辈说"上床夫妻,下床朋友",这句话,愈加可笑了!

我要有请教的话——抱独身主义的女子,她们的目的到底何在?并且她们的身体上有益呢?有害呢?

男子和女子,都有"同性恋爱",但是他们所感受的"性的快乐",是否能够和两性交媾相同?

女子发出第三种水时,她的态度如何?

女子在月经期内,能否交媾?

先生所说"交媾的状态有一百二三十种",不知是否旧时的陈法,还是先生所发明的?能否都说个明白,使知识浅陋的人得个"常识"!

这几项,请一一加以解释!

SSD

独身主义的女子,为的是想保守清白身给神明用的!(一笑)我想不但于身体上有害,而且于精神上也有损。独身主义的女子,易养成极不好的脾气,常常发生 hysteria 病[1]。

同性恋爱除特别嗜好之人外,通常断断不能与异性交媾的快乐相比,因为肉体上不能发生异性互相吸引的电气而精神上不能

---

[1] hysteria,即歇斯底里,癔病。

得到真正的安慰也。

女子在月经期内，如感觉得性欲特别冲动，非交媾而恐酿成"色狂病"者，可以交媾（此说稍详于《性史》第一集某一段内）。

交媾状态百廿卅种，不是我发明，乃是"西法"，要统统说个明白，恐怕《新文化》出不成，不如暂守秘密吧！（竞）

竞生先生：

先生云，女子能出第三种水，可使双方非常舒服，非常满意，然欲女子出第三种水，非费半点钟之时间不为功。但男子的欲火，实较女子为速，当交媾是只可抽得七八分钟就要射精了。依我的经验所见，倘欲延迟射精，当交媾在欲射精时，须要休息片时，乃复抽动，如此数次，直至女子心满意足，愿意男子射精是乃密密的抽动，使之射精。此时在女子方面，觉得非常舒服，十分适意，较之交媾七八分钟，即便射精爽快得多。但在男子方面，此时之情形，与交媾七八分钟即使射精之情形，似是一样并无什么较舒服，较惬意之处。我觉得此情形，不过是使女子舒服些，因之她对于男子之爱情便浓厚些耳。若在不耐烦与不知爱情为甚么之男子看来，反觉得休息片时，阻止射精之烦恼，不快意也。因此我有疑问，未知延迟射精之方法，是否在将射精时休息抽动，以阻止之，抑有别种良法，能使双方格外舒服，乞示我。

又我国习俗相传，谓当夫妇交媾时，不可给小孩饮奶（此奶指人奶，是无牛奶购买之地方而言），须于交媾后半点钟方可。不然则该小孩后日将成一种痨症（俗呼为童子痨），但依先生所云欲使交媾时，双方得到十分舒服，必要弄到女子出第三种水。欲女子出第三种水，至少须要费半点钟工夫，因此我又发生下面一个疑问了。当此半点钟内，难免小孩之醒觉，假令此时不幸而遇小孩醒觉，要饮奶，斯时即使给他奶饮有无害处。若有害（究竟有何关系），须要经过若干时候方可，乞明示我并希教以别的妙法。

芝君

延长射精的方法甚多，请参考《性史》第一集、《新文化》第二期等，现不赘述。君问当夫妇交媾时不可给小孩饮奶一节，甚属重要的讨论。我想交媾时的冲动——尤其是大冲动的时候，好似倏时的发狂一样，奶浆定然受影响，最好是先储足牛乳或别种相当的食物，或则测定小孩不用奶的时间而行交媾。（竞）

1927年5月《新文化》第一卷第四期

竞生先生：

贵刊第二期《第三种水》一文，殊有价值，我看先生的杂文，总算这篇最好了。不过我对于先生平素所主张"多情玩而少交媾"的道理完全赞成，而这回先生主张电化的交媾法，竟说，"在少射精与第三种水而在多发出自己的性电及在多得对方人的性电，故男女可常常交接生殖器……"按此，似乎以"不射精的交媾"为"情玩"之一种，或者竟是健身之一法，此理殊难索解。第一，我要问这种电化的交媾法是否与平常健身的"上电气"一样。第二，常常交接生殖器，促之发电恐于括约筋不无妨碍。第三，我尤所怀疑的，就是，明明是一种交媾过程，射精为有害而不射精倒是有益了！这种取巧的办法，于逻辑上实在说不过去，请先生解释一下。

又先生引Roubaud说，女子射第三种水时的状态："其状如男子射精一样，血液流行甚速，脉搏甚强，静脉受筋所压而增加热力。最着力为脑充血而至于倏时的理智及感觉全失。两睛发电，视线模糊，厥状可怕。呼吸急促，有时断息，常常发生无意义的声音。四肢拘挛如铁条，牙床磨齿有声，似成狂疯。"此一段所为之景与中国药书所倡导"色感"者正无异。而一以为美化，一以为病急，何哉？我到底不敢承认"色感"是没有的。此层也请先生分析清楚，究竟孰为美化，孰为"色感"。……

罗汉

常常交接生殖器，乃就男女有兴趣时而言，因有性趣才交接。第一，自然能得电化的利益。第二，就免于过度而致有括约筋弛放的妨碍。第三，此是交媾最低度的过程，其利益全在于不射精。

　　说及"色感"一层，不是病急而是美化，因为此乃交媾得其道的表现，故觉得其美。但就另一面说，射精时的情景，确是一种倏时间的狂病，故谓之病亦宜。（竞）

竞生先生：

　　我因感觉性的知识的缺乏与痛苦，所以爱看关于性一类的书籍。可是现在性的书籍，大多译自西文，尤其皮毛不痛不痒的；能切实讨论而指示方法的很少。国人自个研究而贡献于国人的更少，换句话说没有。先生能本研究的态度与以一往直前不怕社会一般人所称做正人君子的攻击，这种精神是我所佩服而景仰的。由"第三种水与卵珠及生机的电和优种的关系"一篇中，可见先生研究的结果已薄有收获了。这篇实开中国性智识界的先河。还望先生能在百尺竿头更进一步！

　　《新文化》第二号"性育通信"，先生答复有泉君的文中，我有点意见。先生说："……但男子觉得要丢精的一二分钟前，就常拔出阴茎戴上橡皮套后始继续做事。……"且不问于出精前拔出阴茎的有害与否？仅就我的经验，也许是一般人共同的经验，就觉着不可能。在两性交合，男方性欲达到顶点所谓"蘸着些儿麻上来"的一刹那，精液就绝不客气的猛然射出，如一触即发的弦上箭，毫没有腾挪的时间，真所谓"其间不能容发"，哪还有拔出戴上橡皮套继续做事的工夫呢？况精液将射出的当儿，全部的灵肉将要苏合为一了，那先生称为电化的，阴阳两气紧紧的互相吸引，忽然将阴茎拔出，纵精液或不致外泄，而对手方的阴户中徒然感觉空虚，热力大减，也可说停止电化作用，精神上失却愉快是必然的。就是能继续进行，兴趣大杀，保持先前的原状是不可能。好比一个冲锋的勇士，将要生擒贼守的当儿，忽然又受敌人意外的袭击，就使将来成功，其间被打击损失的锐气亦可想而知了。那么看来，虽不必不可能而减少双方的快感是无疑的。在制育的目的中得到了交合不快的结果究竟怎样才好呢？

周君

  对于避孕而不免失却性趣的困难，我也觉得极难避免，故我主张用"艺术方法"而使性趣损失达到极致的度数，同时又使避孕的成绩则得到极大的效果。

  说及射精时的急遽不能靠当事人的指挥，此乃指精到临头而言。若精尚在要来未来之际，而性部又是强健之人，自能操纵而有余。痛痛快快酣战一阵固佳。但临崖勒马，暂息战而后动，也极有味。至对手人未免因徒然抽出而食亏，但我极望先使女子丢第三种水，则此后阳具暂时拿出与否，已属不甚重要了。（竞）

竞生先生：

  昨读先生主编的《新文化》，使我得着许多性的新知识非常佩服而感激的。现有一个问题，写在下面，要请先生代为解决，谅不吝于指教罢。

  我是在民国十二年与爱妻结婚的。她对我的爱情，极其浓厚，不能说她不好。但她对于性交，总是毫无兴趣，当我性欲冲动的时候，她屡次借故推开，似乎很不愿意的样子。若出门去有半载一年，回到家中，她才勉强应酬一两次，此后她就"故态复萌"，不大情愿了。我问她为什么缘故，她说："我们只要精神上互相亲爱，不必定要性交。"我听了只有佩服没有驳她的余地，忍耐着不与她计较。或者到外面另找泄欲的伴侣，她不但不加干涉，反绝对赞成，真不知道她是何心理。先生有何妙法能够使她改变态度。然我须申明一句，就是我对于性交的技巧，很有把握。能支持到一二小时，方才兴尽，她每次都能丢第三种水；恐怕不止丢一次呢？这确实不是我的生殖器无能，使她感着不快的缘故。

这个问题务请先生指教。先此致谢，敬祝

健康！

> 我意女子方面必有一种性的憾缺，或具一种特别心理。但非详细考察不能断定也。（竞）

竞生先生：

现要问者三事：

（1）男子交媾结婚的年龄，究竟是不是全如《性史》第一集所说，可以延长到二十五岁以后？我现在已经有了二十五岁！但是还没有正式结婚！依我自己的经验，从前的性欲，的确要强些，现在却大大衰减了下来；这样，结婚的年龄、交媾的年龄，未必可以延长到二十五岁以后吧？

（2）怎样可以使龟头肥大？并且怎样才可以使龟头破裂包皮，脱颖而出？这是我的一个很大很严重很切要的问题！先生！请你不要付之一笑，且请根据实地的经验，科学的方法，替我把这个问题解决！

张先生！我对你说过，我今年二十五岁了！唉！唉……我的"命根"还是和十五六岁的时候一样大！龟头还是深深藏在里面，不敢出来！这是什么缘故？从各方面考察，据说，龟头之为物，一到了成年就会吐露出来，为什么我的却并不敢出来呢？龟头藏在包皮里面，交接之时，自然有种种的不方便：（1）交接时，龟头若遇阻力而破露出来。因为没有弄得惯，柔嫩的龟头，往往弄着痛，有时甚至于还要出血！（2）容易出精！这两种毛病，都是极不好的！都是由于龟头藏在包皮里面而起的！张先生！为免除这种种魔障起见，可有什么妥善的办法没有？一般人的见解，都主张请医割治；我看，这是不行的！而且，即使割开了，对于龟头的大小又有什么影响？

（3）性官到底可不可以如法锻炼？

先生说：性官可以用种种方法去锻炼！先生又告诉这些人以什么丹田呼吸法、性部呼吸法！到底丹田性部可不可以呼吸？这种种法式，对于我，到底可不可以适用？就是说：我的性官，也可不可以如法锻炼？

张先生！为这种种的问题，我几乎要愁闷得要死！几次三番，我想自杀，都被家庭关系牵挂而止！但是，自杀的念头，始终未尝少懈！现在我的唯一的生路，就是请先生大发慈悲，救苦救难，将这三个问题仔细研究，即刻予以圆满的解答！

卓哉

（1）男子结婚自然可以延长到廿五岁以后。但当善用其体力与心力。若过度消磨性力于不正当处所，反不如蚤婚些为佳，但最蚤不可低于廿岁。

（2）龟头包皮至成年尚未脱下，最好就请外科医生用手术医治。

（3）性部可以如法锻炼，但与其从局部注意，其效力断不如从全身康健着想，所以我主张从三种呼吸法做起，其详情请看本期及下期关于此层的讨论。（竞）

1927年7月《新文化》第一卷第五期

性育通讯栏紧要的启事

性育通讯本含有关于性的研究讨论的性质，实为最有趣味的文字。但因当局方面的责难事势将不得不停登。但请读者诸君注意：我们虽不能公开讨论，但私下仍继续进行；凡有问难当尽同人所知以见告。其来件并拟汇为一集，以为分门研究的讨论，俟将来当用最妥当合法的手续公开于世。极望读者勿吝指教，是所祷切。

1927年9月《新文化》第一卷第六期

启　事

因本刊有"性育通讯"一项以致引起许多纠纷，遂使本刊前期决定将此项裁去，不意此后收了许多责备及鼓动的来信，使我们觉得读者的意见确有相当采纳的必要。故今后本栏仍然照登，但以其事实简单、文字老到者为主，其美妙的描写而有挑拨性者则拟为汇集成书，仿欧美通例印成私版（private print），庶几读者与法律两得之矣！

竞生先生：

我很冒昧的，很厚脸的，写这封信给你；实在是因为有一桩事情是没有人能够替我解决的。——除了你张先生。

我同他结婚已经有一年快了，但是到现在还没有极微的受孕的象征；我很疑惑我或是他亦许是不能生育吧！或许因为我没有得到美满的性交的趣味吧？

每当他同我交媾的时候，等到我才有些甜味的辰光，可恨他已经泄了。他算是完了事了，但是我还真觉得不够呢！有时我的眼睛向他表现了一种要求的样子，这时候他虽然亦想再来一遭，然而"他的"终是不能举了——随我怎样弄它，每一次丢后，终是不中用了。这是否是不能受孕的缘故吗？请你不要吝你的玉教，指导我，或告诉我，有什么科学的、艺术的、人工的法子，使它迟丢吗？那我就造化极了！

我亦想教我的丈夫买几瓶"育亨宾"吃吃，或者亦能够补足他的缺憾，然而恐怕于他的身体有损害；故所以在没有得到你的回答以前，还不敢教他贸然试验。

我理想中还有一个补救的方法，亦要请你回答我，可否采行；我现在亦将它写在下面：

我想教我的丈夫，到药房里去买一只"子宫保温器"。当在我们性交之前先用它，等到"我的"热烈烈地有性趣后，而后再用"他的"，这样或许能够得双方同时丢精的目的吧？抑或是受孕的先导吧！然而不知道于两方有害吗？我想我不见得是天生成不会丢"第三种水"的吧！最好请你把上面的问题，都在《新文化》回答我罢！别样的问题，下次再请教罢！祝你

康健与幸福！

情云女士

男子迟丢精的方法，分为平日身体的锻炼与临时的救急办法。前的应从《性部与丹田呼吸》一文上研究后去实行。后的则请读《第三种水与……》一书。（上二书均由美的书店出版）

一切为性欲的兴奋而用的药品皆为我所反对。因为它似吃鸦片烟一样，吃上瘾不吃不行，而且极伤元气。故我极劝性官衰弱的人，多锻炼身体与性官，这个是从根本做起，不但得到性强，而且得到身壮。至于药品偶一用之以助趣，但不可长用以取累。

"子宫保温器"也好用，但当善用之以达其目的。（竞）

竞生先生：

我们结婚已经好几年了，儿子也生过二个，但第三种水是未曾发现过，自从拜读大著（《新文化》），我俩就竭力的研究出第三种水，变化了好几个姿势，总是不得要领，有一次天翻地覆，实行那倒交，由女的主动，不到二十分钟，果真出第三种水了，当时女性之快乐，实结婚以来，可称为第一次快乐，从这次以后，非倒交，即不能出第三种水，但听人家说，倒交有碍女的生殖器之卫生，及男性具要生角虱，究竟是否有此种发生，请先生详细教我，千万分的感激咧，敬祝

撰安！

家雄、秀贞

倒交并无碍女性生殖器的卫生，不过女子太肥重者，留心安放得好，否则恐将"天柱"被"地轴"覆折了。

　　生角虱云云竟无根据。只要把性部洗清洁，断不至于有病患。（竞）

竞生博士：

　　你新出版的《新文化》两册，我均已敬谨拜读了，性海慈航，真是功德无量；不过我尚有几个问题，自己不能解决，且与我个人及伴侣之终身幸福，有莫大的关系；现在将它开列于后，至请先生详细答复：

　　（一）我与我妻结婚，已四年有余，感情是顶好的，不过性交之际，我妻总时觉意有不足，始则不肯直言，后经我敦迫结果，及明说，内部似总有一部分爬搔不着，我想此定是我阳具太短之故，但我自己审查，似乎并不甚短，那必定她的阴户太长了；如此情形，将来恐怕结果不好，果将用何种方法，可资补救。

　　（二）第二号《新文化》上，先生说性交有一百二三十个姿势，而以我之愚陋，所知者不过仅有八九种，普通常行者，不过男上女下、"侧飞"、女上男下等三四种；而此三四种，经我试验，总是失败，不能得她的十分满足，或者我们俩所采的姿势，恰与我们俩之特别情形不宜，按照第（一）段所开情形，或者尚有它种姿势，可增进我们幸福，至请先生不吝见教。

　　（三）先生说性交之各种姿势，与男女双方之体格及生殖器均有关系，则如男胖女瘦者应如何，女胖男瘦者应如何，或男女均胖均瘦者又如何，又如男器短女器深者应如何，男器长女器短者应如何，或男器小者应如何，男器大者应如何。将此种种情形，作一抽象图表，指明某种姿势，宜于某种体格；或某种姿势，宜于某种生殖器。如是则一切有情人间之困难，均可"迎刃而解"，即我个人此次亦即无写信请教之烦劳矣。

HOC

可将小枕垫于妇人下腰，这就把阴道变直而短了。男子可取站立前进姿势。余条已在别处零星说及，现不赘。（竞）

竞生博士：

我不说客气恭维的话了。只有个问题，请你指教。

（一）我们自生了两孩个子之后，便实行制育。一方面减少性交，每星期至多一次。一方面用制育方法。第一次用子宫帽，但是最小的那一种，也塞不进去。而且我妻见了就害怕，全失了兴趣。想来塞进去之后，龟头不能和子宫相遇，最是没趣。所以始终未用。第二次买饮冰室的停孕丹，服了非但无效，而且阴户发炙，肿了起来。经西医诊治一星期，方能痊愈。于是第三个孩子出世了。此后用橡皮套，有两次该套竟破了一点，恐怕靠不住。而阳具有碍卫生。即使射精以前不破，但射精以后，阳具缩小，拔出来的时候，往往阳具滑出，而该套留在内里。虽可以拉出来，又容易破断。万一留了一点在里面，岂不危险？如在硬的时候，就拔出来，也觉得非常没趣。后来用"Wife's Friend"，一年中，尚称有效。但是不知道怎的？第四个孩子又有了。若是再没法制止，我们精神经济，都担负不起来了。请教熟的医生，他们偏不肯说。生的医生，又恐怕被他们愚弄，又恐怕医费太大，真是左右为难了。请你教一个方法，救救我们罢！

致重

这可见用避孕器之难，尚望利用科学道理与艺术方法努力进行，切勿因失败而灰心。俟我有暇当编一避孕专书呈教。（竞）

竞生先生：

我是一个失学的学生。所受的一点普通教育，谈到性的智识，连这名词都没有听见过。犯手淫也有三四年了。十七岁上结婚。我的妻子是生长在僻处西北之陕西，兼之又是严行礼教的旧式家庭。她的性智识同我却是一样地莫名其妙。结婚也有二三年了,尚未尝着性交的味道,不过胡弄而已,近又发生遗精病,市上售的补肾药品,皆是有名无实,久闻先生是抱定提倡性学的,故我所要问的就是:(一)手淫可有什么法子阻止再犯?……(二)使我的阳具变成强硬,性交能延长若干时间以至真正快乐的发现?

秦伯

  阻止手淫之法:(一)在用意志,即自己立志不犯。(二)于晚间勿食难消化之物,与勿饮过量的水液。(三)裤勿太紧窄(故最好是裸睡)。(四)睡前勿为性事所冲动。(五)如常在半睡半醒时犯着,则应将两手缚在床柱,使手不能近生殖器。(竞)

竞生先生:

  读大著《性史》第一集,《新文化》月刊,《美的人生观》诸书,关于性的知识,实在领益不少。更在新文化内,知有"性育通讯"一栏,先生循循善诱,不吝赐教,故特把疑问数端,写在下面,闻了请详为指示,那就拜赐更多了。

  (一)若在童年制止手淫,行适当的运动。须若干时日,才能复回原有的康健?

  (二)在情窦初开的时候,见了不十分美丽的女子,是不能动情的;及有了性的知识,见了无论什么女人,也觉怦怦于心,这是什么原故?

  (三)每夜睡后和清早未起床时,便觉阳物翘起;有时虽行路亦觉性欲奋兴,摩擦袂际,便觉有一种似酸非酸、似痛非痛的性感。这是否由于多犯手淫,神经衰弱所致呢?

秀坚,十六,八,一

  第一的答案是:应看手淫的残贼到何地步与犯者身体强弱的

程度而定。但能厉行适当的卫生与运动，早或晚定能收效。

第二的答案是：乃性欲在身内运动的缘故。说粗些是，精虫作怪也！

第三的答案是：过犯手淫者确有此弊，但性官神经过敏者，也有此病。（竞）